【文庫クセジュ】

ディオクレティアヌスと四帝統治

ベルナール・レミィ著
大清水 裕訳

Que sais-je?

白水社

目次

序論

二三五年のセウェルス朝断絶以来、ローマ帝国は、半世紀近く続いたきわめて深刻な軍事的（複数の戦線への同時攻撃）、政治的（帝権の不安定）、経済・貨幣的（インフレーションと貨幣不足）危機に揺さぶられた。とりわけ二四九年から二六一年までの恐るべき一〇年ほどのあいだには、蛮族侵入の嵐や分離帝国の形成、あるいは無政府状態によって押し流されてしまいそうにさえなったのである。しかしながら帝国は生き延び、ガリエヌス〔在位：二五三～二六八年〕やアウレリアヌス〔在位：二七〇～二七五年〕とその他のイリュリア人皇帝たちの指導のもと、遅滞なく立ち直った[1]。

（1）ガリエヌス帝は当初、父親のウァレリアヌス帝とともに帝位にあったが、ウァレリアヌス帝が二六〇年にペルシアに敗北したあと、単独で統治した。その治世にはガリアに分離帝国が成立するなど混乱したが、近年では軍制改革などで再評価されている。アウレリアヌス帝はガリアやパルミラの分離帝国を滅ぼし、帝国の再統一を果たした。なお、イリュリアとはドナウ川流域の諸属州を示すが、ガリエヌス帝の死後、この地方出身で兵卒あがりの軍人皇帝が続けて帝位に就いた。そのため、彼らを総称して「イリュリア人皇帝」と呼ぶことが多い〔訳註〕。

彼らは精力的かつ有能な人物であり、軍隊を再編し、侵略者を押し返し、帝国の統一を再確立し、貨幣を立て直した。とりわけ、度重なる簒奪によって弱体化させられ、ローマ世界の安全と統合を保障できなくなっていた皇帝権をよりいっそう君主政的な方向に改めようと試みた。しかし、彼らの治世は短く、軍事的な課題が重要だったために、その意図を充分に実現させることは許されず、とくに権力の継続という微妙な問題を解決することはできなかった。これがディオクレティアヌスの大きな仕事となったにちがいない。

ディオクレティアヌスとその時代を理解しようとするには、利用可能なあらゆる史料に拠らねばならない。すなわち、文学や法、行政関係の史料のほか、考古学、碑文学、貨幣学やパピルス学といったものので、その貢献は必須である。

I　文学史料

語られている出来事について直接証言できる人物が書いた主要な史料と、考察対象となった時代よりもあとに生きた著作家たちによって書かれた副次的な史料は、区別すべきものである。

主要な史料の数は非常に限られている。『ラテン頌詞集』と、ラクタンティウスやエウセビオスを引くことができるにすぎない。

『ラテン頌詞集』は、ガリアにおいて、四帝統治の皇帝たちの面前で修辞学教師（マメルティヌスやエウメニウスなど）によって読み上げられた公的な演説であり、皇帝たちにすこぶる好意的である。第二頌詞（二八九年四月二十一日）と第三頌詞（二九一年）はマクシミアヌス帝に、第四頌詞（二九七年三月一日）と第五頌詞（二九八年春）はコンスタンティウス・クロルス帝に、第六頌詞（三〇七年三月三十一日）はマクシミアヌス帝とコンスタンティヌス帝に、第七頌詞（三一〇年七月末）、第八頌詞（三一二年）、第九頌詞（三一三年）はコンスタンティヌス帝に、それぞれ宛てられたものである。『ラテン頌詞集』は、この時代に関する基礎的な史料であり、実際、出来事に対する公的な見解を与えてくれる[1]。

（1）巻末引用文献【1】参照。

ラクタンティウス（二六〇年頃～三二五年頃）はキリスト教に改宗した修辞学者で作家としても知られているが、かなり偏向している。ラテン語で書かれ、『迫害者たちの死について』と題された彼の論考では[1]、あらゆる迫害帝のぞっとするような死にざまについて論じており、ディオクレティアヌスの功績を総体としては認めつつも、四帝統治の政治を強く批判している。

（1）巻末引用文献【2】参照。

パレスティナのカエサレア司教エウセビオス（二六三年頃～三三九年）と言えば、教会史の真の創始者である。彼の『教会史』はギリシア語で書かれており[1]、キリスト教の起源と発展を描いている。日付も実態も確実ではないものの、数多くのこんにちでは失われてしまった文書を与えてくれる。それは歴史家にとってきわめて貴重なものである。彼もまた四帝統治には批判的である。

（1）巻末引用文献【3】参照。

副次的な史料の数はずっと豊富である。四～六世紀の古代の歴史家たちは、七世紀以降キリスト教徒によって破壊されてしまった一次史料を用いることができた。しかし、それらの利用はずっと難しい。というのも、ユリアヌスの治世（三六一～三六三年）以降、ディオクレティアヌスのイメージは、キリスト教徒によるのと同様、異教徒によっても歪められてしまったからである。サルデスのエウナピウス（三四五年頃～四二〇年頃）や六世紀初頭のゾシモス[1]による作品は、この時代に関してはほとんど完全に失われてしまった。我々に残された主たるものは、四世紀の略述家たち［三三〇年以前から三九〇年以降まで生きたアウレリウス・ウィクトル[2]、三八〇年以降に亡くなったエウトロピウス[3]、三八〇年以降に亡くなったフェストゥスなど」やビザンツの年代記作者たち［ヨハンネス・リュドス（四九〇年～五五九年以降）、『スーダ』（一〇〇〇年頃）、ゾナラス（十二世紀）など］の労作、四世紀末か五世紀初頭の分類しがたい作品である『ヒストリア・アウグスタ（HA）』[4]のいくつかのくだり、といったものである。しかし、その利用には最大限の注意を払わねばならない。

（1）巻末引用文献【4】参照。
（2）巻末引用文献【5】参照。
（3）巻末引用文献【6】参照。
（4）巻末引用文献【7】参照。

Ⅱ　法史料

法史料は、きわめて多くの皇帝関連文書が二つの大きな法典に収められているため、必須なものとなっている。すなわち、『テオドシウス法典（CTh）』[1]と、とりわけ『ユスティニアヌス法典（CJ）』[2]であり、これらは一二〇〇ほどのディオクレティアヌスの法を含んでいる。

（1）巻末引用文献【8】参照。
（2）巻末引用文献【9】参照。

Ⅲ　行政文書

三一三年頃に編集された帝国の行政区分に関する公的な一覧表である『ヴェローナ・リスト』がなにより重要である。

Ⅳ　考古学

発掘考古学は非常に多くの遺構や豊富かつ多様な物をもたらすが、遺物の年代を正確に決定するのが難しいこともしばしばである。記念建造物に関する考古学は、属州においてもローマ市においても同様に、帝国の再編成について（トリーア、スプリット、ニコメディア、アンティオキアなど）、防衛要請の重大さについて（リメスの砦）[1]、あるいは建造者たる皇帝のイデオロギー的な行動について（テッサロニカのガレリウスの凱旋門など）証言している。

（1）リメス（limes）とは、ラテン語で本来は「線」を意味する。ローマ世界と外部を画する「国境線」「防衛線」とも訳しうるが、軍用道路や砦からなる防衛システム全体をリメスと称したとの説や、現代人が想定するような国境「線」は古代にはなかったとの指摘もある。原著でもラテン語のままにしており、本書でもカタカナでリメスとしておく〔訳註〕。

V　碑文学

帝政前期に比べれば大幅に減少したとはいえ、ラテン語やギリシア語の碑文は、皇帝の称号や行政機構、都市生活、宗教についてなど、依然として多様な情報を提供してくれる。そのうえ、四帝統治の時代には、皇帝による決定のうちのいくつかのラテン語テキストを帝国各地で石に刻むという習慣もあった（三〇一年の最高価格令、三〇一年の貨幣改定令など）。これは、帝国規模で法を定めようという皇帝たちの意思に即したプロパガンダの手段だった。

ラテン語碑文のテキストは、一八六三年以来ベルリンで刊行されている『ラテン碑文集成（ＣＩＬ）』[1]や、一八九二年から一九一六年にかけてベルリンで刊行され、一九六二年に再版された三巻本で五分冊のＨ・デッサウによる労作『ラテン碑文選集（ＩＬＳ）』に収められている。[2]また、毎年、『碑文学年報（ＡＥ）』が新出のものを教えてくれる。[3]一方、ギリシア語碑文のテキストは多くの書物や雑誌にバラバラに散乱してしまっている。

（１）巻末引用文献【10】参照。
（２）巻末引用文献【11】参照。
（３）巻末引用文献【12】参照。

Ⅵ　貨幣学

貨幣は、国際的な通商や軍兵士への支払のほか、人びとの日々の生活においても不可欠な役割を果たしていた。パン屋や職人、税関の係員などに渡されていたのである。貨幣は広範に普及しており、政治的・宗教的プロパガンダのため、皇帝たちによって盛んに利用された。というのも、皇帝の肖像や名前、その政治的・宗教的メッセージを、はるか僻遠の地方においてさえも大規模に知らしめることのできる唯一の手段だったからである。

四帝統治の貨幣は、『帝政ローマの貨幣（ＲＩＣ）』で見ることができる。[1]

（1）巻末引用文献【13】参照。

Ⅶ　パピルス学

エジプトは何万ものローマ時代のパピルス文書を産出した。大部分はギリシア語で書かれたもので、このきわめて富裕な属州の行政や税制、都市生活、軍隊や日常生活に独自の光を当てている。しかし、いまだにほとんど活用されていない。

以上のように、我々は多様で比較的豊富な史料を利用できる。しかし、古代以来、この時代の出来事の多くの年代について、さまざまな著作家は一致をみていない。そのクロノロジーは今なお現代の歴史家によって盛んに議論されている。というのも、唯一それらの事柄の正確なクロノロジーだけが、ディオクレティアヌスの真の意図や、彼の政治構想の変容に外面的な出来事が果たした役割を理解しようとする試みを可能にしてくれるからである。年代決定については、A・シャスタニョル[1]とD・キーナスト[2]による最新の提案を採用した。

（1）巻末引用文献【14】参照。
（2）巻末引用文献【15】参照。

第一章　ディオクレティアヌスによる権力の掌握と新統治体制の構築

　イリュリア人皇帝たちの努力にもかかわらず、ディオクレティアヌスが即位したとき、帝国の情勢は完全な回復には程遠かった。蛮族がつねに辺境を脅かし、インフレーションは高水準にとどまり、皇帝権は弱体化したままだった。精力的で責任ある政治家として、彼は二〇年にわたって権力にとどまる機会に恵まれたが、このことは彼に長期にわたって行動する時間を与えた。古代の歴史家が「世界の四人の元首」（『ヒストリア・アウグスタ』「カルス伝」一八章四節）による統治と呼んだために、現代の歴史家によって四帝統治と呼ばれる新たな体制を、諸々の出来事に強いられて、彼は段階的に作り上げることになった。

I　あるダルマティア人兵士の即位（二八四年十一月二十日～二八五年八月／九月）

　二八三年夏、ササン朝ペルシアに対して勝利した遠征の途次、「雷撃で燃えてしまった」（アウレリウス・ウィクトル、三八章三節）という皇帝カルス（在位：二八二～二八三年）の突然の死のあとに、その二人の息子、西方にとどまっていたカリヌスと、父に同行して東方にいたヌメリアヌスがただちに正帝と宣言された。弟のヌメリアヌスは軍を西方へと連れ戻したが、ビテュニアで駕籠のなかで死んでいるのを発見された（二八四年十一月）。『ヒストリア・アウグスタ』（「ヌメリアヌス伝」一二～一四章）と四世紀の略述家たちが主張するところによれば、ヌメリアヌスの継父で近衛長官だったアペルを、「権力を奪おうと画策していた」ので、皇帝〔＝ヌメリアヌス〕暗殺の廉で兵士たちが非難した、という。ほどなくして、二八四年十一月二十日、ニコメディア／イズミット（トルコ）で、兵士と将校たちは、皆にとって最善の候補者と思われた「親衛隊司令官」ガイウス・ウァレリウス・ディオクレス[1]〔ディオクレティアヌスの即位前の名〕を「満場一致で神慮により……正帝として歓呼した」。「彼は傑出した人物で、賢明であり、国家に献身し、近しい者たちにも献身的で、直面するあらゆる事柄に対応でき、つねに高い視点に恵まれていた……」。ヌメリアヌスの復讐という責務を課され、皇帝として初めて姿を現わしたとき、ディオクレティアヌスは「太陽へと目を向けてから」〔アウレリウス・ウィクトル、三九章一三節〕アペルをみずからの手で殺害した。

（1）『オクシュリンコス・パピルス』四二巻三〇五五番。巻末引用文献【16】参照。

ただし、現実は別問題である。というのも、二八五年の八月か九月に、ディオクレティアヌスはヌメリアヌスの記憶を断罪したからである。それゆえ、即位に際して、彼が先帝の復讐者をみずから名乗ったとは信じがたい。『ヒストリア・アウグスタ』の話がディオクレティアヌスによる権力掌握の公式の説明――我々にはわからない理由でヌメリアヌスが死んだあとに、高級将校グループによってその能力ゆえディオクレティアヌスが帝位に指名された――を示している、というのはありそうなことではある。ヌメリアヌスは病気で死んだのかもしれないし、ディオクレティアヌスかアペルの一団によって殺害されたのかもしれない。ディオクレティアヌスに関して言えば、アペルを殺害したのは、ヌメリアヌスの復讐のためではなく、この近衛長官が知りすぎていたから、あるいは潜在的なライバルだったからである。

この新元首は、公的な皇帝の名と称号（インペラトル・カエサル・アウグストゥス）を帯び、みずからの添え名（ディオクレス）をラテン風にするためにディオクレティアヌスとわずかばかり変更し、ローマ市民としての本来のみずからの三つの名［ガイウス（個人名）、ウァレリウス（氏族名）、ディオクレティアヌス（添え名）］に、第二の個人名マルクスと第二の氏族名アウレリウスを付け加えた。それはマルクス・アウレリウス（在位：一六一～一八〇年）や直前の皇帝たち――プロブス［在位：二七六～二八二年］やカルス――を思い起こさせるためのものだった。このことは、おそらく、依然として西方を治めていたカリヌスに対する行動でもあった。すなわち、権力を分有するよう彼に対して示すためだったのである。この政治的選択は、帝位の継続性のうちにみずからを組み込もうとするディオクレティアヌスの意思も表わしていた。パンフュリア（トルコ）のアヤソフィアのテキストでは、彼はみずから「インペラトル・カエサル・マルクス・アウレリウス・ガイウス・ウァレリウス・ディオクレティアヌス、敬虔で好運なる正帝」と称している（『碑文学年報』一九六五年、三一五番）。ディオクレティアヌスは、その政治的聡明さゆえ、自分が東方の軍によって擁立された新しい簒奪者にすぎないこと、そして自身の即位が近来の情勢となんら断絶を画するものではないことをしっかりと認識していた。カリヌスによって支配されていた元老院やローマの民衆の承認も得られていなかったから、ニコメディアの人びとに軍の選択を承認させるように手配し、その改革作業では、新たな簒奪を避け皇帝権の永続性と一体性を保障しようとする配慮に基づいてつねに発想していたのである。

しかし、ディオクレティアヌスはいまだ小アジアとシリア、そしておそらくエジプトしか支配していなかったので、まずは西方を征服して帝国全土の支配を確保せねばならなかった。西方ではカリヌスが彼を承認するのを拒んでいたものの、イタリア知事（?）マルクス・アウレリウス・サビヌス・ユリアヌスが起こした別の簒奪に忙殺されていたため（アウレリウス・ウィクトル、三九章一〇節）、ディオクレティアヌスの仕事は容易になった。彼は幾人かの総督の協力を得たが、そのなかには、ダルマティアを治めていた、のちのコンスタンティウス・クロルスもいる（『ラテン碑文集成』第三巻九八六〇番）。二八五年の八月か九月、ブルガリア（モエシア）のモラヴァ（マルグス）河畔での奇妙な戦いで、勝利をつかみかけていたカリヌスは自分自身の兵士の一団によって暗殺された。おそらく、彼の近衛長官だったティトゥス・クラウディウス・アウレリウス・アリストブルスが離反し、非公式に命令したためだったのだろう。彼の死が伝わると、その軍は戦いをやめ、相手方と一緒になった。勝利は困難なものだった。ディオクレティアヌスもカリヌス支持者の協力を受け入れ、帝国行政の高官たちにはいかなる変動も起こさなかった。それは、「有史以来初めてのことであり、想像できないものだった」（アウレリウス・ウィクトル、三九章一五節）。

帝国の支配者として彼は元老院に承認されたが、ローマに赴く時間があったかどうか定かではない。というのも、公式な即位日は軍によって帝位を宣言された日であって、元老院によって承認された（知られていない）日のことではないと彼はつねに考えていたからである。それに、アウレリウス・ウィクトル（三七章五節）が二八二年九月のカルスの即位について書いていることが正しければ、このような政治的な姿勢は確かに論理的なものだろう。「この時以来、（中略）元老院は元首を指名する権限を奪われた。それが我々の時代まで続いている」。インペラトルという称号が元老院によって授けられるという法的な擬制は、カルスとともに終わったのかもしれない。それ以後、元老院は兵士たちの選択を記録するだけで満足せねばならなかった。

帝国の一体性を確立しなおしたあと、ディオクレティアヌスは、ドナウ戦線を再び脅かしていた騒々しい二つの部族――クァディとマルコマンニ――との戦いにただちに赴かねばならなかった。彼らを粉砕し、二八五年には、ゲルマニア人の偉大なる征服者とサルマティア人の偉大なる征服者という称号で称えられた。伝統に刻みこまれるように、彼はそのあときわめて古典的なプロパガンダ用の貨幣を打刻させた。すなわち、「正帝の好運《フェリキタス・アウグスティ》」[1]、「正帝の叡智《プロウイデンテイア・アウグスティ》」[2]、「正帝の安寧《サルス・アウグスティ》」[3]、「正帝の勝利《ウイクトリア・アウグスティ》」[4]といった銘を持つものであり、「正帝の護持者たるユピテル《ヨウイ・コンセルウアトリ・アウグスティ》」[5]という銘を持つ貨幣もすでにあった。この新しい皇帝はすっかり定着し、その統治は幸先良く始まった。ディオクレティアヌスとなったこのディオクレスがいかなる人物だったのか、見ていくことにしよう。

（1）『帝政ローマの貨幣』第五巻第二分冊、二三六頁、一五七～一五八番。ローマで発行。
（2）同、二三八頁、一八〇～一八一番。ローマで発行。
（3）同、二二九頁、八五番。リヨンで発行。
（4）同、二三八頁、一八二～一八三番。ローマで発行。
（5）同、二二五頁、四一～四二番。リヨンで発行。

Ⅱ　ディオクレティアヌスの人物像の概略

彼は二四五年十二月二十二日[1]にダルマティアで生まれたから、即位のとき、彼はほぼ三十九歳だった。彼の正確な出生地はわからないままである。というのも、ディオクレティアヌスが「郷里に隠退した」

と書いたとき、ラクタンティウス（一九章六節）はおそらく、退位後に隠退したサロナエ／スプリットの都市そのものというよりも、この皇帝の出身属州を考えていたからである。ゾナラス（一二巻三二章）

のように、ディオクレティアヌスの死に場所と出生地を同一視して、彼はサロナエで生まれた、と作家たちが主張しはじめるのは七世紀以降のことである。

（1）巻末引用文献【17】、八三頁と一四五頁。

我々は彼の父親の個人名も添え名も知らないし、母親がディオクレアという名だったというのも疑わしい。[1] ラテン頌詞の作家たちは彼の家族の出自を語っておらず、他の四帝統治の皇帝の家族についても同様である。おそらく、宮廷の指示に従うためだろう。というのも、新しいイデオロギーによれば皇帝たちは神々の末裔であり、その人間としての（低い）出自を上品に語るべきではなかったからだろう。ディオクレティアヌスはおそらく相当無名の出自だったが、彼が書記の息子だったと信じる理由は何もないし、ましてや、彼がかつて奴隷であり、アヌッリヌスという名の元老院議員によって解放された[2]などと認める理由もない。これらは四世紀後半の略述家たちの純粋な創作物にすぎない。[3] 彼らは四帝統治にきわめて敵対的な雰囲気のなかで書きものをしていたのである。コプト語史料の伝える伝説も同様である。それによれば、ディオクレティアヌスはエジプトの山羊飼いだったが、ヌメリアヌスに見出され、ヌメリアヌスは娘を結婚相手として与えた、という。『ヒストリア・アウグスタ』（「ヌメリアヌス伝」一四〜一五章）の話にも考慮すべきことはもはや何もない。その主張するところによれば、彼の若い時分、ガリアのトゥングリ族のドルイドの女祭司が、イノシシ（ラテン語でアペル）を殺したとき、彼は帝国を手にするだろう、と予言したという。それゆえ、いずれにせよ『ヒストリア・アウグスタ』によれば、「アペルをみずからの手で殺すとき、ドルイドの女祭司の予言を成就させ、帝国を強固なものとすること以外、他の動機は何もなかった、とディオクレティアヌスは主張していた。というのも、もし恐るべき殺人の必要に迫られなければ、とくにその治世初期には、彼はこのような残酷な評判が立つことを望んでいなかったからである」。真実というには余りにできすぎで、言葉遊びがこの著者の心性に完璧にはまっている。

（1）『皇帝伝要約』三九章一節（『皇帝伝要約』は、アウレリウス・ウィクトルの著書『皇帝たちについて』の要約と考えられていたが、現在では別の著者によって書かれたものとされる。四世紀後半に書かれた簡略な歴史書の一つ）。

（2）エウトロピウス、九巻一九章二節は「多くの人びとによれば」として言及している。

（3）『皇帝伝要約』三九章一節（同じ話題は、エウトロピウス、九巻一九章二節や、ゾナラス、一二巻三一章でも見られる）。

即位前のディオクレティアヌスの人生もほとんど知られていない。我々が知っているのは、彼がプリスカと結婚し、少なくとも一人、二九三年にガレリウスに嫁がせた（アウレリウス・ウィクトル、三九章二五節）ウァレリアという娘を得た（ラクタンティウス、一五章一節）ということだけである。おそらく兵卒あがりの軍人で、騎士身分へと入り、司令部の最高位へと到達した。その他については、空想力に富んでいたり（『ヒストリア・アウグスタ』）、執筆されたのが遅い時期だったりする（ゾナラス）作家たちを信頼するのは非常に難しいため、我々は仮説にとどまらざるをえない。アウレリアヌスの治世、彼がそのキャリアの初めにガリアで勤務していたというのは（『ヒストリア・アウグスタ』「ヌメリアヌス伝」一四章）確信するには程遠く、将軍としてモエシアで重要な責務を果たしたというのも（ゾナラス、一二巻三一章）同じく確証はない。しかし、彼がプロブス帝の幕僚の一員だったというのは（『ヒストリア・アウグスタ』「プロブス伝」二二章三節）おおいにありそうなことである。というのも、この時代の実在の将軍たちのリスト（コンスタンティウス・クロルス、アスクレピオドトゥス、ハンニバリアヌスなど）のなかに彼の名も記載されているからである。

ヌメリアヌスの側近のなかで彼が占めていた正確なポストが何かはわかっていない。『ヒストリア・アウグスタ』（「ヌメリアヌス伝」一三章）やアウレリウス・ウィクトル（三九章一節）、ゾナラス（一二巻三一章）によれば、彼は「親衛隊司令官《ドメスティコス・レゲンス》」だったらしい。この役職を明確にする作業が残っている[1]。W・セストンは、ディオクレティアヌスが近衛長官《プラエフェクトゥス・プラエトリオ》だったかもしれない、と推測している。この仮説は、二八五年一月に執政官となったとき、ディオクレティアヌスは再任の執政官という肩書だった事実から補強されうる（『ラテン碑文集成』第八巻二二四三二番）。すなわち、彼はこれより前に一度目の執政官職を得ていたか、あるいは、それより可能性は低いものの、初めての擬制的な執政官職として数えられる執政官格顕彰を得ていたことになる。さて、セウェルス・アレクサンデル帝以来、騎士身分から採用された近衛長官の一部は、その任期中に職務を辞することなく元老院や執政官職まで到達した。たとえば、ルキウス・ペトロニウス・タウルス・ウォルシアヌスがそうであり[2]、おそらくユリウス・プラキディアヌス[3]やカルスもそうだろう。七世紀のものとされる『復活祭年代記《クロニコン・パスカーレ》』（二八三）は、ディオクレティアヌスを二八三年の執政官に数えているから、このようなことが彼の場合にもあったのかもしれない。しかしながら、ディオクレティアヌスが初めての執政官職を得たのは、彼の即位時、著名な元老院家系の一員であるオウィディウス・マンリウス・ルフィニアヌス・バッススとともにだった、というほうが格段にありそうなことである[4]。さらに、古代の著作家たちは彼に近衛長官という称号を与えていないことからしても、近衛長官という仮説は拒むべきである。

（1）巻末引用文献【44】、四六頁〔訳註〕。
（2）二六一年の執政官。『ラテン碑文選集』七二二一番。

（3）二七三年の執政官。『首都ローマのキリスト教碑文集』新版、三巻七三七五番。本碑文集については巻末引用文献【18】参照。

（4）巻末引用文献【19】参照。

一般的に現代の歴史家は、アウレリウス・ウィクトルやゾナラスが彼に「ドメスティキ」の責任者という称号を付していることから、ディオクレティアヌスはカルスやヌメリアヌスの親衛兵の責任者だった、と考えている。しかしながら、この称号が二八四年には時代錯誤的なものだったことは指摘しておく必要がある。なぜなら、三六五年よりも前に〔その単数形である〕「ドメスティクス」という言葉が親衛隊を示す専門用語として史料に現われることはないからである。(1) ディオクレティアヌスは、おそらく、クラウディウス二世〔・ゴティクス、在位：二六八～二七〇年〕によって創設されていたらしい精鋭部隊「側衛官団《デイウイヌム・ラトウス》」の長だった。これはきわめて高い地位で、おそらくコンスタンティヌス帝治下にその地位にあったルキウス・ユリウス・ユニッルスのように、(2)「側衛官団」の隊長《プラエポシトウス》や総監《コメス》といった称号をディオクレティアヌスが持っていたかもしれない、と思わせるものである。

（1）アンミアヌス・マルケリヌス、二五巻一〇章九節〔アンミアヌス・マルケリヌスはアンティオキア出身で、四世紀後半に活躍した軍人、歴史家。彼が書いた歴史書は四世紀半ばの状況を知るための第一級の史料だが、彼自身は異教徒でユリアヌス帝に好意的である〕。

（2）『碑文学年報』一九七五年、八八二番。アフリカ・プロコンスラリス属州のウレウ市。

彼の身体面については、少なくとも即位直後の数年間に関しては、いくらかわかっている。というのは、一方では帝位に就く前の彼の肖像を我々は持っていないからだし、他方では、皇帝たちの調和を確立しようという配慮や四帝統治の政治的・宗教的コンセプトが、芸術家をして、貨幣の胸像〔がっしりした顔つき、低い額、深いしわ、輪郭の不変性、細く刈り込んだ頬髭）において、あるいは彫像（ヴェネツィアの四皇帝の群像）においてさえも、皇帝たちにほとんど同じような輪郭をほぼつねに与えるよう仕向けてしまったからである。具体的な個性といったものは、少しずつ職務の背景に消え去った。多かれ少なかれ理想化された人間の肖像は、他の人びとの上にあることを示す付属物《アトリビュート》を持っていても、個人としては区別できないような顔つきの人物像へと、その場を譲った。今も残る記念物は、皇帝像のなかで個性を持ちうるようなあらゆるものを、皇帝権の象徴的なイメージによって置き換えようとする意思を表わしている。

ディオクレティアヌスを描写しようと試みるには、多くの肖像がキリスト教徒に破壊されてしまったものの、我々はアンティオキア出土のある金貨の表面《おもてめん》（図1）と、おそらくドリア・パンフィリィのヴィッラの頭部像をもとにすることもできるだろう(1)。アンティオキアの金貨のほうは二八四年まで遡る可能性もある。他方、ドリア・パンフィリィのヴィッラの頭部像のほうはずっと後代のものであり、退位後の単なる一私人としての姿を表わしているのかもしれない。アンティオキアの貨幣上では、襞のある服と鎧をつけた胸像が右斜め前を向いているように見える。その首は頑健であり、ディオクレティアヌスは髭を生やした顔つきで充分に個性的である。その額の上方は髪に覆われ、眉は目立ち、目はわずかに下がっていて、頬骨は張っており、口は閉じ、顎は意思的である。二〇年後には、この皇帝（?）は髭をそった角型の顔で表わされ、額は大きく広がって禿げあがり、二本の深いしわが刻まれている。また、目は秀でた眉の下で軽く落ちくぼみ、視線は集中し、思慮深い感じになる。二本のほうれい線が目立ち、口は意思的である。成熟した人物で安定しており、国家の利益を気遣った顔である。

（1）ドリア・パンフィリィのヴィッラは、ローマ市のヤニクルムの丘にある公園のこと。

図1　ディオクレティアヌスの肖像（アンティオキアの金貨），N・ジョルデ蔵

ラクタンティウスは、「冷酷」（七章一二節）で「強欲」（七章一〜二節）、「臆病で気鬱」（九章六節）だったと彼を批判するが、この風刺作家はしばしば自己矛盾をおこしている。ディオクレティアヌスは、必要なときには非常な厳格さを証明することを躊躇わなかったが、残酷であるとは思われていない。というのも、彼は迫害のときにも血が流れるのを避けようとしていたからである。[1] 税の取り立てではやかましいところを見せたが、それは国家が、とくに軍隊を維持するために大金を必要としていたためだった。しかし、ラクタンティウス（七章八〜一一節）が「飽くなき建築への情熱」ゆえに彼を批判するほどに、大規模な支出をなすことも厭わなかった。実際、彼は数多くの市民向けの、あるいは軍事的な建物を建設した。おそらく正真正銘の戦争屋ではなく、また遠征の重要な部分を率いる手間は同僚たちに任せていたにせよ、彼は兵卒あがりの軍人であり、臆病だったということはほとんどありえない。政治向きの人間であって、アウレリウス・ウィクトルが見ると

ころの政治的「賢明さ」に恵まれていたから（三九章一節）、為すべきことはたくさんあった。すなわち、ローマ世界の再建である。彼はそこへ辿りついた。

（1）ラクタンティウス、一一章八節。『ヒストリア・アウグスタ』「ヌメリアヌス伝」一四〜一五章（この『ヒストリア・アウグスタ』は、先述のアペル殺害の部分。迫害に関するものではないが、残酷さを否定する文脈で理解しておく）。

Ⅲ　マクシミアヌスの即位（二八五年十二月〜二八六年三月一日／四月一日）

帝位に就いたとき、ディオクレティアヌスはおそらくその主権を分割する意図は持っていなかった。しかし、問題が山積するのを前にして、西方でローマの敵との戦いをきわめて活発に行ない、かつ不可欠な諸改革に取りかかるのは、不可能だと理解した。実際、多くの深刻な危険が西方の人びとを脅かしていた。すなわち、アラマンニ族によるライン左岸への周期的な侵入と略奪であり、ガリアやブリタニアの北海やドーバー海峡沿岸に対するフランク族やサクソン族による海賊行為であり、相当数の落伍者（破産した小農、羊飼い、逃亡したコロヌス〔＝小作人〕、脱走兵）によって引き起こされた地域的な社会不安や強盗行為も生じていた。彼らはバガウダエ（「放浪の民」）と称し、ガリア北部やアルプスの峠の出口付近で猛威をふるっていた[1]。

（1）『ラテン頌詞集』二番四章三節。アウレリウス・ウィクトル、三九章一七節。

イリュリア人皇帝たちの悲劇的な運命など知りたくもなかったので、ディオクレティアヌスは軍事作戦の任にあたる協力者を自分の補佐に付けることにした。彼は元老院に相談させずに、マクシミアヌスを選んだ。マクシミアヌスはパンノニア出身の将校で、シルミウム近郊の生まれ、年齢は三十五歳くらいだった。「信頼できる友人であり、なかば蛮族のようではあったが、軍略の才には恵まれていた」（アウレリウス・ウィクトル、三九章一七節）。ディオクレティアヌスは彼を養子とし、副帝《カエサル》の称号を与えたが、それは遅くとも二八五年十二月中のことだった。「正帝《アウグストゥス》の息子」として、マクシミアヌスはこれ以後二つの氏族名を持った。すなわち、自身のもの（アウレリウス）とディオクレティアヌスのそれ（ウァレリウス）であり、公式には「マルクス・アウレリウス・ウァレリウス・マクシミアヌス、非常に高貴なる副帝」（『ラテン碑文集成』第八巻二二四九九番）と名乗った。副帝に指名されたあと、彼はバガウダエ鎮圧に取りかかった。エウトロピウス（九巻二〇章）を信頼するなら、マクシミアヌスは「軽微な戦闘によって」この問題を解決し「ガリアに平和を回復した」。その後、おそらく二八五年の年末から、メナピ族（フランドル）の非常に貧しい出自の将校で、対バガウダエ戦で活躍したカラウシウスに、アルモリカ、ブリタニア、および海洋における指揮権を付与し、フランク族とサクソン族の海賊をこの地域から取り除く任に据えた（エウトロピウス、九巻二一章）。

　おそらくこれが彼の最初の軍事的成功であり、二八六年三月一日か四月一日に正帝の地位に上げられるだけの価値のあるものだった。このときもなお、ディオクレティアヌスは元老院に相談しなかった。マクシミアヌスは、これ以後、彼単独の権威によって権力の行使に十全に関わることになった。彼は命令権《インペリウム》、護民官職権、正帝《アウグストゥス》の名、大神祇官職を受け取った。それは、二三八年にこの最高の宗教職を初めて共有したバルビヌスとプピエヌスの共同統治以来、共治帝をもった皇帝たちの大部分と同じである。マクシミアヌスの登極は、この新帝の名で上パンノニアのシスキアで発行されたアントニニアヌス貨の裏面で祝われている。[1] そこでは、マクシミアヌスは左側に立ち、ディオクレティアヌスから勝利をもたらすウィクトリアの載った球——地上の支配権と凱旋式の権利の象徴——を受け取っている。

（1）『帝政ローマの貨幣』第五巻第二分冊、二八八頁、五八五〜五八七番。

二人の正当な皇帝は共同統治のなかで権力を分け合ったが、それは共治帝がいる場合の先例とは著しく異なっていた。というのも、マクシミアヌスは実際の権力を、とくに軍事面に関して持っていたからである。ただし、マクシミアヌスは、第一の正帝〔＝ディオクレティアヌス〕の息子という地位から、昇格後はその兄弟ということになっていたにせよ、ディオクレティアヌスが優位を保った。[1] あらゆる碑文でこの階層秩序は不変だった。「インペラトル・カエサル・ガイウス・アウレリウス・ウァレリウス・ディオクレティアヌス、敬虔にして幸運なる不敗の正帝と、インペラトル・カエサル・マルクス・アウレリウス・ウァレリウス・マクシミアヌス、敬虔にして幸運なる不敗の正帝に対して……」。[2] ディオクレティアヌスは二八四年冬にマルクスという個人名とアウレリウスという氏族名を放棄していたが、同僚に敬意を表して、アウレリウスという氏族名は再び用いるようになった。

（1）『ラテン頌詞集』二番一章五節。二番四章一節など。
（2）『碑文学年報』一九九二年、一六七五番b。トルコのアマシャ。

マメルティヌスの最初の頌詞を見てみると、二八九年にマクシミアヌス臨席のもとに発表され、この弁論家はマクシミアヌスに良い目を見させなければならなかったにもかかわらず、二人の皇帝の役割は同じではない。ディオクレティアヌスは決断を下し、マクシミアヌスはそれを実行に移す（『ラテン頌詞集』二番七章五〜六節）。この仕事の分担は、二人の皇帝の調和という銘を持つキュジコスで発行された貨幣からも確認される。そこでは、短い杖——鳥占の優越性のシンボル——を持って右側に立っている

図２　マクシミアヌスに球を渡すディオクレティアヌス
（キュジコスのアントニアヌス貨），パリ，フランス国立図書館蔵

ディオクレティアヌスが、左側に立って槍――戦闘行為のシンボル――を持つマクシミアヌスに球を渡している[1]（図２）。帝国は「不可分の祖国」のままであり、皇帝たちは単一の思念から着想を得ていた（『ラテン頌詞集』三番六章三節）。二人の元首のあいだで帰属地の地理的な分割があったにすぎない。ディオクレティアヌスは帝国のなかで最も穏やかな地方である東方へ向かい、ニコメディアの宮殿で暮らすことがとくに多かった。他方、マクシミアヌスはライン戦線を監視するためトリーアに入った。皇帝たちがいなくなるのにともなって、ローマは政治的な首都としての役割を失った。ローマはもはや元老院の所在地で、理論上の首都であるにすぎなかった。

（1）『帝政ローマの貨幣』第五巻第二分冊、二五〇頁、二九〇番。

この間に、ブリタニア艦隊を任されていたカラウシウスは海賊退治に多大な成功をおさめ、ガリアとブリタニアの沿岸に秩序と安全を回復するのに成功していた。みずからの功績を意識して、おそらくいくつかの不正まで犯していたにもかかわらず、[1] ディオクレティアヌスに対して自分の公的な地位を上げるよう要求した。彼の要求が何だったのか我々にはわからないが、おそらく、かつてパルミラのウァバラトゥス[2]に与えられたローマの将軍《ドウクス》や監査官《コレクトル》といった称号を欲したのだろう。ディオクレティアヌスは、たとえ非公式なものであれ、帝国の分割を受け入れることはできなかったので、その要求を拒絶し、彼を罷免した。カラウシウスは怒って、おそらく二八六年末には正帝の称号を称した。ガリア帝国の創設者だったポストゥムスに触発されたものだっただろうが、彼は支配地域をはじめに拡大しようとはせず、ブリタニアへと後退した。彼は「インペラトル・ガイウス・マウサエウス・カラウシウス、敬虔にして幸運なる正帝[3]」という名で貨幣をロンドンで打刻させた。

（1）エウトロピウス、九巻二一章。アウレリウス・ウィクトル、三九章二一節など。
（2）ウァバラトゥスとは、ガリエヌス帝の時代に東方で勢力を拡大したパルミラの女王ゼノビアの息子。一時は皇帝（アウグストゥス）を称したが、アウレリアヌス帝に敗れ、死亡した〔訳註〕。
（3）『帝政ローマの貨幣』第五巻第二分冊、四七三頁、一〇九番など。

Ⅳ　新体制のイデオロギー的基礎

再建への努力のなかで、アウレリアヌスとその後継者たちは皇帝権をソル〔＝太陽〕のイデオロギーの上に基礎づけた。つまり、不敗の神ソルの地上における代理人を、あるいはソル自身であることを自任し、その権力は神によって授けられたものだと主張した。ディオクレティアヌスはその即位に際して、

「不敗の神ソル」の銘を持つ貨幣はキュジコスでの一種類しか打刻させておらず、(1) ソル信仰とは疎遠になったように思われる。彼は伝統に回帰して、ローマ最高の神ユピテルの庇護下にみずからを置き、自身の使命と正当性をユピテルから得たものだ、と主張した。二八五年以来大量に発行された「正帝の守護者ユピテル」の銘を持つ貨幣はこの政治的選択を物語っている。(2) トリーアの貨幣の表《おもて》では、(3) ユピテルとディオクレティアヌスの胸像が結びつけられており、ディオクレティアヌスがユピテルの代理人として地上にあることを示している。二八五年にはシスキアの貨幣で、(4) もっとあとになるとヘラクレア(5)やキュジコス(6)の貨幣で、彼個人への協力や兵士たちの忠誠はユピテルによって求められたものだったと主張するのを躊躇しなかった。実際には、「兵士たちの調和」や「兵士たちの忠誠」といった銘が、ユピテルがディオクレティアヌスに勝利の象徴たる球を手渡すシーンと結びつけられるのは、きわめて例外的なことだった。

(1) 『帝政ローマの貨幣』第五巻第二分冊、二五二頁、三〇二番。
(2) リヨンで発行された、同、二二五頁、四一番など。
(3) 同、二三一頁、一一二番。
(4) 同、二八八頁、五八三番。
(5) 同、二八九頁、五九五番。
(6) 同、二九一頁、六〇六～六〇七番など。

即位以来、ディオクレティアヌスはユピテルの守護下にあった。マクシミアヌスの正帝昇格ののち、カラウシウスの簒奪のとき、すなわち二八六年末か二八七年初めには、ユピテルとの関係においてディオクレティアヌスは決定的な段階を越えた。その一門に属することを主張すべく、彼はヨウィウス(Iouius)という名を採用し、同僚〔＝マクシミアヌス〕にはユピテルの息子〔＝ヘルクレス〕にあやかってヘルクリウス（Herculius）という名を授けた。この二柱の神々の名を選んだということは実に明白なものである。すなわち、ヘルクレスがユピテルの命令に従ったように、人びとに平和をもたらす者たるヘルクリウスは、世界の主たるヨウィウスに従属した。ディオクレティアヌスの優越性は宗教的基礎を獲得したのである。帝国の統合を保障するユピテルの宗主権とヘルクレスの力の排他的な受託者になったことで、二人の皇帝は、以後、二柱の神々と人間たちのあいだで義務を負った仲介者ということになった。「正帝たちの永遠なる調和」という銘を持つブダペスト博物館のメダイヨンは、新しいイデオロギー的選択を明らかにしている。すなわち、ディオクレティアヌスとマクシミアヌスが顔を向かい合わせて座り、ユピテルとヘルクレスによって冠を授けられているのである。

マメルティヌスはいつもへつらってばかりいるが、その二つめの頌詞は、二人の正帝を現人神として賞賛している（『ラテン頌詞集』三番一〇章五節）。「伝承が我々に伝えたようなものではなく、目に見え実在するユピテルに、皆が間近で祈りを捧げました。異邦人ではなく皇帝として、皆がヘルクレスを崇拝したのです」。しかしながら、ディオクレティアヌスとマクシミアヌスは、自分たち自身が神であるとは主張せず、神々に触発され、ローマの人びとを代表して、兵士たちによって満場一致で皇帝に任じられたその日に「神々のもとに生まれた」（『ラテン頌詞集』三番二章四節）、と主張した。その治世の全期間を通して、この神慮による誕生が彼らに特別な力を与えることになった。簒奪者たちは神々の承認を得ておらず、彼らには明らかに与えられえないようなものだった。これは、皇帝たちの集団からカラウシウスを排除し、他の簒奪の試みをあらかじめ封じ込めるのに最善の方法だった。帝室のメンバーだけが正当な権力を持つことができた。即位時にあらかじめ考えてあった原理ではなく、状況に対応したもので、この幾分か革命的なイデオロギーにディオクレティアヌスが順次磨きをかけていったことは、ほとんど疑う余地はない。もしディオクレティアヌスが「神々を導き手とする」[1]ことを望んだのだとしても、それは皇帝権の永続性を保障して、軍事上のアナーキーに戻ってしまうのを不可能にするためだった。権力の正当な保持者をこのように聖なるものとするのは、何よりも現実的なことだったのである。

（1）リバニオス、『弁論』第六一番五節〔リバニオスは四世紀後半にアンティオキアで活躍した修辞学者で、数多くの作品が現在まで伝わっている〕。

多くの面で革命的ではあったが、この新しい皇帝イデオロギーは同じくらい保守的な着想でもあった。というのも、ディオクレティアヌスは、ユピテルとヘルクレスというパンテオンの神々の偉大なる二柱を拠りどころとしたのであって、アウレリアヌスのようにソルに基づいたものではなかったからである。彼はより伝統的なローマ世界の概念に戻った。というのも、ヘルクレスは戦闘行為の模範であり、カルスがソルによって冠を授けられカリヌスがヘルクレスによって冠を授けられる様子を描いた金のメダイヨンが示しているように[1]、三世紀を通して皇帝を守護していたからである。ガリアの頌詞作家マメルティヌスはそのことをよく理解しており、ローマの創建記念日である二八九年四月二十一日にトリーアのマクシミアヌスの御前で発表された論考において（『ラテン頌詞集』二番一章一〜五節）、永遠なる首都の創建とヘルクレスやローマの栄光を称賛した。貨幣の発行に際してはつねに、ディオクレティアヌスは、「幸運《フエリキタス》」[2]、「敬虔《ピエタス》」[3]、「勝利《ウイクトリア》」[4]、「武勇《ウイルトウス》」[5]といった元首政期の皇帝の偉大な徳目を思い起こさせた。彼はまた、新規の銀メッキされた銅貨の大量発行に際して、ローマ市民の守護霊《ゲニウス》も賞賛した[6]。彼は執政官職を重ねることで（二八五年から三〇四年までに八回）、元首政の数世紀にわたる権力にも同じく依拠していたのである。ディオクレティアヌスは、国家の力を強めるような伝統を維持することに多大な関心を抱いていた。

（1）『帝政ローマの貨幣』第五巻第二分冊、一六七頁、二二五番。
（2）同、第五巻第二分冊、二三六頁、一五七番。
（3）同、第六巻、一六七頁、三二番、トリーアで発行。
（4）同、第五巻第二分冊、二四四頁、二四三番、ティキヌムで発行。
（5）同、第五巻第二分冊、二四五頁、二四四～二四五番、ティキヌムで発行。
（6）同、第六巻、二四一～二五三頁、リヨンで発行。他。

ディオクレティアヌスはミトラ信仰にも一定の地位を与え、皇帝たちに「永遠の光」を与えてくれるこの偉大な東方の神を帝国の一種のパトロンとしたのかもしれない。マメルティヌスは、その二つめの頌詞のなかで、ミラノで会うために二九〇年の末に二人の皇帝が通ったアルプスの道を思い起こさせるのに、こう書いている。「あなた方お二人の神性が両アルプスから差し込み、全イタリアはとても明るい光に照らされたのです」（『ラテン頌詞集』三番一〇章四節）。ここにミトラの暗示を見て取ることもできるかもしれない。ディオクレティアヌスは、ときに、永遠なる皇帝というミトラ的な称号を自身の名に持つことさえあった（『ラテン碑文集成』第五巻二八一七番など）。しかしながら、ミトラと新体制をつなげる最初の証言は、ディオクレティアヌス退位後のものである。三〇八年十一月十一日にカルヌントゥム（パンノニア／オーストリア）で会談したとき、隠退した正帝ディオクレティアヌスとマクシミアヌス、新たな四帝統治の第一正帝だったガレリウスは、「ヨウィウスとヘルクリウス、非常に敬虔なる正帝たちと副帝たち」（『ラテン碑文選集』六五九番）という名義でミトラの聖域を修復し、この神に帝権の守護者という称号を与えたのだった。体制が深刻な危機にあったこの時期に、新旧の四帝統治の皇帝たちは、救済者たる神の信仰に熱心だった兵士の支持を切れ目なく確保しておきたかったのである。

第二章　帝権の新たなコンセプト――四帝統治

二人の皇帝がぶつかった困難を前にして、きわめて複雑な軍事的諸問題に対処するため、共同統治の成立から八年弱で、ディオクレティアヌスは各正帝《アウグストゥ》に補助者を付けることを決定した。彼らは副帝《カエサル》の称号を持ち、とくに軍事作戦遂行の任を果たすことになる。二帝統治は四帝統治となったが、ディオクレティアヌスは卓越した権威を保った。

I　四帝統治の成立（二八六年三月一日／四月一日〜二九三年三月一日）

マクシミアヌスが帝位に加わってから、二人の皇帝は厳しい軍事行動に従事していた。東方ではディオクレティアヌスがアルメニアでのローマの影響力を回復し、おそらく二八七年にはサラセン系のベドゥインと戦った。彼らは、三世紀にペルシア世界で預言者マニによって説かれた宗教であるマニ教の熱心な宣教者だった。マニ教は善と悪という古代イランの二元論を踏襲していたが、さまざまなものを総合するなかでその二元論を拡大させていった。同じ年、この皇帝〔＝ディオクレティアヌス〕は、帝国東方での反乱に制約されていたペルシア王バハラーム二世とのあいだで、国境の一部修正についてローマと同意し、アルメニア王位に親ローマ的な王ティリダテス三世を就けるという和平協定に署名することさえできたかもしれない。ドナウ戦線では、ディオクレティアヌスはサルマティア人の新たな攻撃を鎮圧し、二八九年にはサルマティア人の偉大なる征服者という新たな称号を二人の皇帝に相応しいものとする幾多の勝利を勝ち取った。

西方では、状況はまったく対照的なものだった。マクシミアヌスは二八七年から二八九年にかけてゲルマン人と何度も戦ったが（『ラテン頌詞集』二番八章四～五節）、二八八年のようにときには困難に陥ることもあり、ディオクレティアヌスの支援を受けねばならなかった（『ラテン頌詞集』二番九章一節）。ライン川の向こう側の地域を襲撃し、砦を建て、フランク王ゲンノバウデスの降伏までも手にした。しかし、大陸での幾度かの成功ののち、ブリタニア再征服の試みには失敗した。というのも、二八九年か二九〇年にローマ艦隊は嵐でほとんど壊滅してしまったからである。そのため、二九一年には、カラウシウスは強力な艦隊[1]をもとに大陸側で地歩を固め、ブローニュからルーアンに至るかなり広大な領域を支配することに成功した。カラウシウスのこの議論の余地なき成功は、彼をして二人の元首とのあいだで新たな和平交渉を始めさせることになった。二九二年頃には、カラウシウスは、マクシミアヌス、ディオクレティアヌスと彼自身が一列に並んだ胸像と非常に雄弁な「カラウシウスとその兄弟たち」という銘を持つ貨幣を打刻させた。その裏面にはディオクレティアヌスに親和的なテーマをかたどらせている。すなわち、三人の正帝の庇護者としてのヘルクレスであり[2]、「三人の皇帝の平和[3]」という協調へ向けた明白なアピールもあった。これは無駄な骨折りだった。というのも、新たな皇帝イデオロギーから見れば、ディオクレティアヌスにそれを認めることはできなかったからである。新たな統治制度のなかにカラウシウスのための場所はなかった。この新たな拒絶を前にして、二九三年には、カラウシウスはいまだ場所のよくわかっていない多くの造幣所で彼単独の貨幣を再び大量につくるようになった。

（1）『帝政ローマの貨幣』第五巻第二分冊、五一一頁、五六〇番、五六一番など。
（2）同、五五一頁、三番。
（3）同、五五一頁、五番。

ディオクレティアヌスが政治体制の再度の変更を決定するに際して、マクシミアヌスの失敗のほか、東方世界の情勢が複雑だったことも大きく関係していた、というのはおおいにありそうなことである。東方では、ササン朝ペルシアの新しい王である野心的なナルセスが、ローマに対して不穏な動きを示していた。ディオクレティアヌスは明敏かつ現実的な人物だったので、各々の正帝のかたわらに信頼のおける人物を置くことに決めた。「非常に高貴なる副帝」という公式の称号をもって、これら二人の補助者は軍事作戦遂行の任を担った。かくて正当な君主の数は二から四となり、二帝統治は四帝統治にその場を譲った。新体制の創設は何よりも防衛の必要性から説明される。しばしば書かれているような、帝政の再編成に関する確固とした計画を持ってディオクレティアヌスが権力の座に就いた、などということを認めるのは絶対に不可能である。もしそうなら、彼は全権力を一挙に自由にできたのに、その計画を実行に移すのに八年以上も待ったことが理解できないからである。

ディオクレティアヌスは二人の副帝を個人的に選び、マクシミアヌスに対してはその決定と選択を伝えたにすぎない。この事態をできるだけ荘厳なものとするために、彼は二重の就任式を準備した。一方はマクシミアヌスの住んでいたミラノで、他方は彼が居を構えていたニコメディアで、である。非常に凝った演出のなかで、同じ日、二九三年三月一日に、二人は軍隊の面前で副帝として宣言された。ディオクレティアヌスがガレリウスをニコメディアで即位させ、マクシミアヌスはコンスタンティウス・クロルスをミラノで任命した。コンスタンティウス・クロルスはイリュリアの生まれで、兵卒あがりの将校であり、アウレリアヌスやプロブスの幕僚の一角を占めていた（アウレリウス・ウィクトル、三九章二八節）。副帝に任命されたとき、彼がマクシミアヌスの近衛長官だったという仮説は否定すべきものだろうから、おそらくダルマティアの騎士級属州総督だったのだろう。(1) 二五〇年頃生まれ、四十五歳にはわずかに届かなかった。ガレリウスはモエシアで二五〇年か二六〇年頃にダキア人の母ロムラから生まれた。彼もアウレリアヌスやプロブスのもとで軍人のキャリアを積んだ（アウレリウス・ウィクトル、三九章二八節）が、詳細は何もわかっていない。おそらく、彼は四人の皇帝のなかで最もローマ化されていない人物だっただろう。

（1）即位前にコンスタンティウスがマクシミアヌスの近衛長官だったとする仮説については、訳者による参考文献【1】一二五〜一二六頁を参照。その根拠となっているのは『ラテン頌詞集』二番一一章四節などの表現である。ただし、この説は提唱者本人ものちに撤回している。コンスタンティウスがダルマティア総督だったとされる根拠としては、先に挙がっている碑文のほか、『コンスタンティヌスの生まれ』第一部第二章の記述がある。これは『ヴァロワの抜粋』と呼ばれる史料の一部であり、この部分は三九〇年頃執筆されたもので比較的信頼性が高い。九世紀の写本に残されていたものが十七世紀にアンリ・ヴァロワによって出版されたため、この名で呼ばれることが多い。なお、この部分は、著者の了承を得て本文を一部改めた〔訳註〕。

新たな職務の徽章たる緋衣を身につけると、二人の副帝は護民官職権と若き元首という称号を手にしたが、公式な個人名であるインペラトルと大神祇官職《ポンティフェクス・マクシムス》は持たなかった。ディオクレティアヌスはヨウィウスの名をガレリウスに授け、マクシミアヌスはコンスタンティウス・クロルスにヘルクリウスの名を与えたが、それは養子関係によって彼らを正帝に結びつけるものだった。「その武勇によってローマ支配の限界を押し広げた者は、その敬虔さゆえ、息子をその命令権に与らせたのです」（『ラテン頌詞集』四番三章三節）。まさしく「神々の顕現」として「神々によって生まれ」、今度は「神々の創造者」(1)となった二人の正帝の職務に、神的な存在が結びついていることの証明がこの儀式だったのである。アンティオキアのアントニニアヌス貨では、ユピテルとヘルクレスが二人の副帝の公式な守護者として引き合いに出されている(2)。二帝統治とまったく同じように、四帝統治も宗教的基礎を持っており、「我らの敵であるペルシア人のもとで生まれた宗教(3)」たるマニ教徒や、キリスト教徒に対する迫害(4)を引き起こすことになった。というのも、この新しい皇帝権のイデオロギーは、この二つの宗教と相容れないものだったからである。

（1）『ラテン碑文選集』六二九番。『ラテン頌詞集』三番二章四節。
（2）コンスタンティウス・クロルスについては、『帝政ローマの貨幣』第五巻第二分冊、三〇二頁、六七四番。ガレリウスについては、同、三〇九頁、七一九番。
（3）『グレゴリアヌス法典』一四巻四章。二九七年か、あるいは可能性は低いものの三〇二年の三月三十一日に発布された勅令（『グレゴリアヌス法典』はディオクレティアヌス帝時代に編纂された法典の一つ。のちにユスティニアヌス帝による『市民法大全』の編纂にも利用された。なお、ここで言及されているマニ教禁令は、同法典七巻として引用されることもある。詳しくは、訳者による参考文献【30】、【38】五六五～五六八頁、【10】一三五頁以下などを参照）。
（4）三〇三年から三〇四年にかけての四勅令。ラクタンティウス、一〇～一五章を参照。

奇妙なことに、ヘルクリウスたるコンスタンティウス・クロルスは、ヨウィウスたるガレリウスに対して優越していた。あらゆる碑文が同じ順序を守っている。「フラウィウス・ウァレリウス・コンスタンティウスとガレリウス・ウァレリウス・マクシミアヌス、非常に高貴なる副帝たち」。このような決定は、おそらく二人の副帝のあいだの（わずかな？）年齢の違いによって説明されるのだが、問題を提起せずにはいなかった。というのも、よくできた四帝統治の論理によれば、ヨウィウスたる副帝が首位を占めねばならなかったように思われるからである。その原則において、四帝統治は世襲による継承を排除していた。しかしながら、二人の副帝は正帝たちとのあいだになんら親戚関係を持っていなかったものの、公的な息子となり、二九三年（？）には国家的理由によって娘婿にもなったが、それは神慮によるつながりに人としてのつながりを加えるためでもあった。コンスタンティウス・クロルスはマクシミアヌスの娘、あるいは養女であるテオドラを妻とし、ガレリウスはディオクレティアヌスの娘ウァレリアと一緒になった（アウレリウス・ウィクトル、三九章二五節）。

ディオクレティアヌスの権威のもと、皇帝たちは帝権のあらゆる付属物を持ったが、二人の副帝は、二人の正帝によって、あるいはどちらかといえばディオクレティアヌス一人によって、決定された政策の実行者だった。ラクタンティウス（一八章五節）は副帝ガレリウスにこう言わせている。「国家には最高の権力を行使する二人の高位の人物と、彼らを助けるために二人の下位の人物がいなくてはならない。二人の皇帝のあいだでうまく通じ合うよう保つのは簡単だが、同じ地位にある四人の君主のあいだでは不可能だ」。これは四帝統治の見事な定義である。二九三年にコンスタンティウス・クロルスとガレリウスという二人の副帝の名でシスキアで打刻された貨幣は、その役割分担を証明している。武装した二人の副帝は顔を向かい合わせて球の上にいるウィクトリアを手にしており、彼らのあいだには跪いた捕虜がいる。その銘では、彼らは国家の砦だと言われている。[1] 彼らは何よりも辺境の防衛を担当し、東方や西方での作戦行動を指揮するよう仕向けられただろう。「四帝統治体制」は、帝国の一体性を維持するために次第に練り上げられたもので、皇帝間の領域分割など明らかに考慮しえないものだった。国家はディオクレティアヌスによって指導された単独の君主政のままだった。「彼ら〔＝皇帝たち〕はウァレリウス（ディオクレティアヌス）を父のように、あるいは偉大な神に対するように、崇敬していた」（アウレリウス・ウィクトル、三九章二九節）。

（1）『帝政ローマの貨幣』第五巻第二分冊、三〇一頁、六七一番と、三〇八頁、七一六番。

Ⅱ　四帝統治の成功（二九三年三月一日〜三〇五年五月一日）

四人の皇帝による統治が権力によって意識的に創設された政治体制にほかならず、新たな無政府状態の時代の結果ではないことを示すように気づかって、皇帝のプロパガンダでは四帝統治のメンバーの友情がすぐに打ち出された。二人の正帝間の調和という貨幣[1]と同様、ヴェネツィアのサン・マルコ寺院の有名な群像――四帝統治の皇帝たちが抱擁しあっている――やコンスタンティウス・クロルスへの頌詞（二九七年三月一日）でも見られるようなものである。「実際、あなた方の神性《ヌーメン》のこの〔四という〕数字に、あらゆる重大な事柄が支えられ、喜びを得ているのです。元素は四つあり、毎年同じ数の季節があり、世界は二つの海によって四つに分けられています[2]」。さらに、四人の皇帝はやがて碑文においても非常に雄弁な形式で集団として顕彰されるようになった。つまり、「国家の福利のために生まれた」（『ラテン碑文集成』第一二巻五五二〇番など）といったものである。最高価格令では、みずから「人類の父祖」と性格づけている。

（1）『帝政ローマの貨幣』第五巻第二分冊、二二三頁、一七番。リヨンで二九四年に発行。

（2）『ラテン頌詞集』四番四章二節。アウレリウス・ウィクトル、三九章二九節やテッサロニカのガレリウスの凱旋門も参照。

1　軍事的成功

西方世界では、二九三年夏のあいだに、頌詞によれば「海賊の頭《かしら》」（『ラテン頌詞集』四番と七番）だというカラウシウスがガリアの占領地からの撤収を余儀なくされた。ついで、トリーアに入ったコンスタンティウス・クロルスが新たに二個艦隊を建造してブリタニアへの上陸準備をしているあいだに、二九三年末、カラウシウスは自身の「財務長官」（アウレリウス・ウィクトル、三九章四〇〜四一節）だったアッレクトゥスによって暗殺された。コンスタンティウス・クロルスと近衛長官アスクレピオドトゥスの二個艦隊はブリタニアに二九六年春に上陸、二九六年末か二九七年初頭にはアッレクトゥスに勝利し、彼は戦闘中に殺害された。スコットランドの二部族――ピクト族とスコット族――は混乱に乗じてローマ世界へ侵攻していたが、戦いを挑まれ、ハドリアヌスの長城の向こう側へ押し戻された。こうして、コンスタンティウス・クロルスのおかげで、トリーアの金のメダイヨン(1)が示しているように、分離以来一〇年にして全ブリタニアが帝国の「永遠なる光輝」のもとに戻ったのである。事態の沈静化を期して、「不敗の副帝」(2)は、ブリタニアでなんら抑圧的な措置を取らなかった。この明白な勝利は、北海やドーバー海峡沿岸でのフランク族の海賊行為を一時的にやめさせることも可能にした。コンスタンティウス・クロルスはライン川――マクシミアヌスがリメスの監視を一時代わっていた――へ戻ると、二九九年にはヴィンディシュ近郊でアラマンニ族と戦い、さらに三〇〇年から三〇四年まで何度も戦うことになった。

（1）『帝政ローマの貨幣』第六巻、一六七頁、一三四番。
（2）『ラテン頌詞集』四番一四章三節、二九七年。

マクシミアヌスのほうも成功を取り戻した。まずイベリア半島の大西洋岸を荒らしていた海賊を根絶すると、山岳民（バクァテス、クィンクエゲンタネイ、バウァレス）によって被害を受けていた両マウレタニアと、ヌミディアの高原地帯〔現在のモロッコやアルジェリア〕を鎮めにいった。彼らと戦ったのは二九七年のことで[1]、二九八年三月には、対カラウシウス戦の（相対的な）失敗によって幾分か傷ついたみずからの威信を回復するために、カルタゴで凱旋式を行なった。ミラノへ戻る前には、元老院の祝辞を受けるために初めてローマへ赴いた（二九九年？）（『ラテン頌詞集』六番八章七～八節）。

（1）『ラテン頌詞集』四番五章二節や五番二一章二節など。

ドナウ戦線では、ディオクレティアヌスがシルミウム（パンノニア）にしばらくとどまり、二八九年から二九一年にかけて、また二九三年から二九六年にかけて、蛮族——とくにヤジゲス族やクァディ族——に対して勝利した幾多の遠征を指揮せねばならなかった。それは東方へ出発せねばならなくなるより前のことである。東方では、ペルシア王ナルセスがせっせと混乱を煽っていたが、それはローマ人が他の戦線に忙殺されているのを知っていたからである。ガレリウスは東方から戻るとディオクレティアヌスと交代し、二九九年から三〇五年にかけてドナウ川下流地域でバスタルナエ族やカルピ族に対して遠征を行なった。彼らを粉砕し、帝国内に移住させたのである。

　東方世界では、状況の悪化は深刻だった。エジプトでは、テーベの大神域の神官たちによって煽動されてテーベで反乱が勃発し、二九四年にガレリウスによって鎮圧された（『ラテン頌詞集』四番五章二節）。しばらくして、二九七年（？）六月か七月のファイユームでの新たな蜂起が、エジプト長官ルキウス・ドミティウス・ドミティアヌスの簒奪——部下だった監査官《コレクトル》アウレリウス・アキッレウスの支持を受けた——を引き起こした。ナルセスの密使に煽られて、この蜂起はエジプト全土、騒乱の多いアレクサンドリアにも広がった。ディオクレティアヌスはみずからこれに介入し、二九七年十二月には簒奪者と戦ってきわめてすみやかに秩序を回復した。[1] 唯一アレクサンドリアだけが長々と抵抗したが、おそらく二九八年二月末までのことだった。

（1）ヨハンネス・マララス、一二巻三〇七・三〇九〔ヨハンネス・マララスは六世紀にアンティオキアで活躍した人物だが、確実なことはあまりわかっていない〕。

この間、二九五年か二九六年初頭、ナルセスはシリアやアルメニアを侵略し、アルメニアではローマの同盟者だったティリダテス三世を廃位した（ラクタンティウス、九章五〜八節）。始めのうちガレリウスは勝利をおさめていたが、すぐにカッラエ南方で敗北し、二九六年から二九七年にかけての冬には退却せねばならなかった。このことは、この副帝に対するディオクレティアヌスの怒りを引き起こした（エウトロピウス、九巻二四章）。ガレリウスは軍隊を招集するためドナウ戦線へ行った。エジプトでディオクレティアヌスが迅速に勝利したことでガレリウスにさらに援軍を送ることが可能となり、二九七年から二九八年にかけての冬、ガレリウスはペルシアに対する遠征で目覚ましい成果をあげた。まず、アルメニア王国に対するローマ支配を回復し、その地でナルセスのハーレムと財宝を奪うと、その後メソポタミアへ侵攻し、クテシフォンまで進んだ。ナルセスは停戦を求めた。二九八年末にニシビスで、ディオクレティアヌス、ガレリウスとナルセスのあいだでローマ側にきわめて有利な和平が結ばれ、以後四〇年近くにわたって続くことになった。上メソポタミア東部の五属州《サトラップ》（アルザネネ、コルドゥエネ、インギレネ、ソフェネ、ザブディケネ）が併合されてローマ支配下のアルメニアの総督によって統治されることになり、帝国の国境はティグリス川の向こう側まで押し返された。アルメニアのティリダテス三世は、ペルシア人と、コーカサス地方のイベリア王メリバネスによって新たに承認され、ローマの保護下に置かれるのを受け入れねばならなかった。二九八年には、四人の皇帝はペルシア人の偉大なる征服者という称号を採用した。

2　職務の分担

四帝統治は、外敵に対する戦争を遂行するためにつくられたものであり、その効力を発揮した。皇帝権と「その指示ですべてが動かされた」（アウレリウス・ウィクトル、三九章三六節）というディオクレティアヌス単独の君主政のような専制は、これらの勝利によって強められることになった。実際、半世紀に及んだ無政府状態寸前の状況ののち、ディオクレティアヌスはセウェルス朝で試みられた帝政の変革に再び取りかかったのである。ディオクレティアヌスは、四人の皇帝のあいだでの「不可分の祖国」という原則を見直すことはなかったが、四人の皇帝の地理的な一定の専門化は必要だと認識していた。四帝統治の創設以来、皇帝たちはそれぞれほぼつねに同じ領域に責任を持っていたから、現実的な人間として、彼は既成事実を承認したにとどまった。

ディオクレティアヌスはニコメディアに入って、東方の諸属州（アナトリア、シリア、エジプト）を治めた。ガレリウスはテッサロニカで暮らし、ドナウ川流域の諸属州に責任を持った。ミラノからはマクシミアヌスがイタリア、北アフリカ、イベリア半島を統治した。コンスタンティウス・クロルスはトリーアに居住し、ガリア、ゲルマニア、ブリタニアの諸属州を支配した（アウレリウス・ウィクトル、三九章三〇節）。この居住地および帰属地の地理的な分担は、唯一、職務をうまく分担しようという意志だけに動かされたもので、制度化されることはなかった。政治的合目的性をもった勅令は依然としてディオクレティアヌスによってのみ発布されたが、他のことは四人の皇帝の名でなされたからである。その例となるのが、三〇一年の最高価格令である。ラクタンティウスが、ディオクレティアヌスは「世界を四つの部分に分けた」（ラクタンティウス、七章一節）と書いたとき、この「部分」という言葉が地理的な意味を持たず、行政的なものだというなら別だが、ラクタンティウスに従うべき理由は何もない（アウレリウス・ウィクトル、三九章三〇節も参照）。したがって、これは共和政期のプロウィンキアに対応するものであり、「任務」と訳すべきものだろう。これは充分にありそうな仮説である。

3 即位二十周年の祭典

新体制の成功は二度にわたる祭典で祝われた。

――副帝たちの即位十周年記念祭（三〇二年三月）。この祭典は、ローマ市のフォルムにある四面に彫刻が施された記念柱の大理石製の台座に、現在でも具体的な形として示されている。正面には、二人のウィクトリアによって支えられた楯の上に碑文が刻まれている。[1] 他の面には、供犠の情景、皇帝による献酒、元老院議員たちの行進が描かれている。

（1） Caesarum decennalia, feliciter! すなわち、「副帝たちの即位十周年、幸運を！」の意。

――二人の正帝の統治二十周年記念祭（三〇三年十一月二十日）。これはディオクレティアヌス帝治世一九年目の終わりに挙行された。二九三年十一月二十日[1]に治世十周年を祝ったことで、帝位に就いて十周年ごとに祝いをするというアウグストゥスの古い伝統――二六二年以来、治世の短さゆえ断絶していた――をディオクレティアヌスは復活させていた。ところで、ディオクレティアヌスは治世二十周年に際して、とくに吉日にしようと望み、また同僚のマクシミアヌスもそれにしっかりと関わるようこだわった。しかしながら、マクシミアヌスは権力の座に就いてから一八年弱しか経っておらず、いまだ一九度目の護民官職権を持っていなかった。とはいえ、彼はこれを機に二〇度目の護民官職権を受け取った。

これは彼をディオクレティアヌスと同等にするもので、同時に四帝統治の均衡を強化するものだった。暦法に対するこの「やっつけ仕事」のあと、マクシミアヌスは公式に治世二十周年を祝えることになった[2]。

（1）『帝政ローマの貨幣』第五巻第二分冊、二三〇頁、一〇八～一一一番。トリーアで発行。
（2）『オクシュリンコス・パピルス』一八巻二一八七番二一行目。

この祭典は、ディオクレティアヌスによって最大級の配慮をもって準備され、帝国内の全都市で、とりわけローマ市で開催された。ローマは、ディオクレティアヌスがこの都市をより美しくしようとつねに関心を寄せていたことでわかるように、ローマ世界の公式かつ象徴的な首都であり続けた。ディオクレティアヌスは、まず、カリヌス治下の二八三年に火事にあった古い共和政期のフォルムの建築物を修復させた。すなわち、バシリカ・ユリア、カエサルのフォルム、元老院議場、サトゥルヌス神殿とコンコルディア神殿などである。ついで、二九八年から三〇六年にかけて、クィリナリスの丘に巨大な浴場複合施設を建設した。三〇〇〇人を収容でき、贅沢に装飾が施されていて、浴室、体育場《パラエストラ》、講堂《アウディトリウム》、図書館も含まれていた。

四人の皇帝たちとその家族一同、すなわち帝室の人びとは、おそらくこの機会に首都に集まっただろう。これが、二人の正帝と二人の副帝が一堂に会したおそらくまさにたった一度の機会だった。しかしながら、ガレリウスは三〇七年九月より前に一度もローマを見たことがなかった、とラクタンティウスは書いている（二七章二節）。それゆえ、彼はこの祭典のときには不在だったのかもしれない。いずれにせよ、このローマを選択したことは、はるか以前から皇帝たちがこの地で治世の節目を祝っていたから、ディオクレティアヌスがローマの偉大なる伝統のうちに位置づけられたことを示していた。こんにちでは失われてしまったものの、彫像を載せて碑文を刻んだ円柱をフォルムに建てることによってだけでなく、非常に多様な銘をもつ貨幣を各造幣所で数多く発行することによっても[1]、この出来事が記憶に残るよう配慮された。一世紀以上前、セプティミウス・セウェルス治下の二〇二年のように、統治の記念祭はペルシアへの勝利祝いと結びつけられた。この二〇年間にわたって打ち負かしてきたあらゆる敵からの凱旋式を、同僚たちとともにローマで行なうことをディオクレティアヌスが望んだ、というのはまったく象徴的なことである。これは、四帝統治の皇帝たちの共同作業を荘厳に賛美するものだった。

（1）「我らが正帝の即位二十周年（vot/xx/Augg/nn）」『帝政ローマの貨幣』第六巻、一七四頁、九三～九七番、トリーアで発行。「在位二十周年（mul/tis xx）」同、第六巻、二〇一頁、六〇七番、トリーアで発行。

第三章　皇帝の役割とディオクレティアヌスの側近たち

ディオクレティアヌスは、皇帝権を復興させようという意志をもって権力の座に就いた。その治世の長さと政治家としての知性ゆえに、彼は皇帝の権威を立て直す政策を遂行できた。それは、権力の新たなる宗教的コンセプトに基づいたものであるばかりでなく、アウグストゥスによる元首政とセウェルス朝の君主政の伝統に基づいたものでもあった。

I　皇帝の役割

1　皇帝の称号

ディオクレティアヌスは、その公的な称号のうちに帝政前期の皇帝たちのあらゆる称号を保持していた。マルグスでの勝利の日である二八五年の八月か九月以降に刻まれたオスティアの碑文は、良い例を与えてくれる（『ラテン碑文集成』第一四巻一二八番）。「インペラトル・カエサル・ガイウス・ウァレリウス・ディオクレティアヌス、敬虔で好運なる不敗の正帝、大神祇官、ブリタニアの偉大なる征服者、ゲルマニアの偉大なる征服者、護民官職権二回、執政官二回、国父、プロコンスル」。二世紀末以来のあらゆる皇帝と同様、彼は「敬虔な」（つまり、神々や人びとに対する責務を重んじるということ）、「幸運な」（神々に護られているので）、「不敗の」（太陽（ソル）を含意し、元首の恒久的な軍事的勝利という基礎的な概念を主張するもの）といった付加形容詞を帯びていた。

他のテキストでは、「永遠なる」（ミトラ的な含意がある）、「非常に偉大な」といった称号のほか、最高司令官としての歓呼の回数も言及されており、最高司令官としての歓呼の回数は、以後、即位記念日に更新された。三世紀以来、他の称号は公然とますます君主政的なものとなり、伝統的な称号と並べて登場するようになった。とりわけ主《ドミヌス》がそうで、たとえば〔アルジェリアの〕シェルシェルのテキストに見られる「我らが主たるディオクレティアヌスとマクシミアヌス、正帝たち」（『ラテン碑文選集』六二八番）のほか、とくに貨幣の銘でも見られる。これらの〔伝統的なものと君主政的なものという〕二種類の称号はときに共存していることもある。たとえばグルノーブルにあったようなもので（『ラテン碑文集成』第一二巻二二二九番）、そこには「我らが主たるインペラトル・カエサルたち、ガイウス・ウァレリウス・ディオクレティアヌス……とマルクス・アウレリウス・ウァレリウス・マクシミアヌス」とあった。賞賛するような形の称号を先に置くという習慣はトレボニアヌス・ガッルス〔在位：二五一〜二五三年〕治下に現われたものだが、多かれ少なかれ長々と凝ったもので、ディオクレティアヌス治世から一般化した。アウクスブルクの碑文の事例に見られるものがそうで、そこには「きわめて先見の明に富んだ元首、世界の支配者にして主、永遠なる平和の創始者、ディオクレティアヌスに対して……」とあった（『ラテン碑文選集』六一八番）。

2 皇帝の徽章

公的な儀式のあいだ、四帝統治の皇帝が公用の衣装をまとっていたことを、我々はラクタンティウス（一九章四〜五節）から知ることができる。というのも、副帝マクシミヌス・ダイアの即位式の際、正帝ガレリウスは彼に「私人としての服を脱がせ」、「ディオクレティアヌスは緋衣を脱いで、彼に着せてやった」とあるからである。緋色の袖なしのマントは、共和政期には凱旋将軍の勝利の、そして帝政前期には皇帝権のシンボルだったが、この時期にも卓越した皇帝の徽章のままであり、「緋衣」という明確な言葉さえ持っていた。さらに、皇帝は頌詞で「緋衣の人《プルプラトゥス》」とされている。(1) 皇帝の靴もまた紅色で、これは次第に皇帝の色となった。皇帝は白か紅色の絹製の単衣を着用し、軍装用の革ベルトを締めた。エウトロピウスによると（九巻二六章）、ディオクレティアヌスは新しいことを試みたのかもしれない。「彼は宝石の装飾で衣装や靴を飾った。以前は皇帝を区別するような装飾が緋色のマント《クラミス》しかなかったからで、衣装のそれ以外の部分は普通のものだった」とあるからだが、これはまったく正しくない。というのも、少なくともアウレリアヌスのときからすでに、皇帝たちの衣装は宝石で飾られていたからである。アウレリアヌスがそうしたように、神々やヘレニズムの君主たちの王冠をディオクレティアヌスが身につけていたとは思えない。彼は凱旋将軍の伝統的な月桂冠を保ちつづけたのである。

（1）一一番三〇章三節［ただし、この一一番の頌詞は三六二年にユリアヌス帝に捧げられたもので、ディオクレティアヌス治世のものではない］。

公的な儀式では、ディオクレティアヌスは皇帝権を示す公用の徽章を持った。すなわち、左の掌に勝利の象徴たる球を、右手には（ユピテルの象徴物である）槍の形をした杖を、そしてかたわらには短刀と剣、あるいは短刀か剣のいずれかを、という具合である。移動する際には四頭の馬にひかれた四輪馬車に乗り、浄化、権力、豊穣のシンボルとして灯火（松明、燭台など）を人びとが彼の前でかかげた。

3 皇帝関連の礼儀作法

ユピテルとヘルクレスが皇帝たちのうちに存在するがゆえに、彼らに関わるあらゆるものが神的な性質を有する。このような新たな皇帝イデオロギーの一環として、ディオクレティアヌスは宮廷に新しい礼儀作法を定めた。ディオクレティアヌスは二八七年にペルシアの使節を迎えていたから、それはおそらくペルシア王の宮廷儀礼に触発されたものだっただろう。緋色に対する偏愛というのが見てわかる最たるものである。少なくとも、二九一年以来、ふんだんに飾り立てられた玉座に皇帝が座ると、その前に導かれた者はすべて膝を折り、マントの裾に口づけをして、謁見のあいだずっと立っていなければならなかった。エウトロピウスによれば、「前任者たちはすべてあいさつを受けるだけだったのに、彼（ディオクレティアヌス）は自分が崇拝されるよう命じた」という（九巻二六章）。

これらの儀式のなかには、すでにアウグストゥス治世から存在していたものもあったが、ディオクレティアヌスは皇帝を他の人びとの上位に置くことにとりわけ腐心し、あらゆる状況において宮廷のメンバーにそれらを守らせた。たとえ三世紀に先例――とくにアウレリアヌスのような――があったにせよ、アウレリウス・ウィクトル（三九章四節）が「カリグラやドミティアヌス以降初めて、彼（ディオクレティアヌス）は、公然と主人と呼ばれ、神のごとく礼拝され話しかけられるのを許した」と書いたのは部分的にはもっともなことだった。公的な生活のあらゆる行為に際して、人びとは彼に「主」と呼びかけ、話をせねばならなかった。その治世のあいだに、皇帝に関わることがらすべてを聖なるものとして性格づけるという習慣が――これもまたディオクレティアヌスによる革新ではないのだが――次第に広まっていった。以後、聖なる宮殿、聖なる財務などと一般に言われるようになり、「聖なる」という付加形容詞は「皇帝の」の同義語にまでなった。

皇帝権はもはや官職ではなく、神権的な君主政となった。皇帝と全帝国住民との関係の性質も変わった。ディオクレティアヌスは、もはや民衆とは直接接触を持たず、宮殿に引っ込んで暮らした。彼が公衆の前に姿を現わすのは稀で、荘重なものとなった。たとえローマ世界が今なお公的にはレス・プブリカという名——市民共同体という存在を理論上は示唆している——を持っていたとしても、皇帝と住民の関係は主人と臣下の関係になったのである。

4　皇帝の権力

皇帝は地上におけるユピテルの代理人であるというこの宗教的背景のなかで、ディオクレティアヌスはほとんどあらゆる権力を自由にできた。

——行政権。元老院や公職者の役割はあまりわかっておらず、ささやかなものだったと思われているにせよ、ディオクレティアヌスは専制君主《ティラン》として振る舞うことはできなかった。なぜなら、法的には、皇帝権は共和政の諸公職の権限から受け継いだ概念に依拠しており、その記憶はエリート層のあいだでは依然として根強く残っていたからである。ディオクレティアヌスは帝政前期の皇帝たちの公式な三つの名《トリア・ノミナ》（インペラトルという個人名、カエサルという氏族名、アウグストゥスという添え名）を依然として保持しており、元首政の伝統的な三つの権限を拠りどころとしていた。

・命令権《インペリウム》。彼の公式な個人名にも示されたもので、国家の象徴だった執政官職《コンスル》と、プロコンスル職からなる。プロコンスル職は、理論上かつては元老院の所管だった諸属州に対してさえも、その権威を発揮した。

- 護民官職権。すなわち、護民官の民政上の権限と立法上の権限、およびその神聖不可侵権である。
- 上位の権威《アウクトリタス》を持つという概念。アウグストゥスという添え名に示されている。アウグストゥスとそのほぼすべての後継者たちと同様に、ディオクレティアヌスは国父《パテル・パトリアエ》という称号も保持した。それは帝国の全住民の公的な守護者となるものである。さらに、大神祇官《ポンティフェクス・マクシムス》として、公的な宗教の責任者でもあり続けた。

ディオクレティアヌスは外交全体を差配し、和平か戦争かを決断し、軍の最高司令官だった。兵士たちは公式にはつねに彼の戦友だった。神々に霊感を与えられ、戦場にいないときでさえも、彼が勝利をもたらしたのである。彼は将軍たちのほか、あらゆる役人――文官と武官とにしっかり区別された二つのヒエラルキーが徐々に整備されつつあった――も任命した。

――立法権。この分野でディオクレティアヌスがもたらした変化については、その重要性をそれほど誇張する必要はない。というのも、セウェルス朝のときすでに、法律家のウルピアヌスは（『法学提要』一巻二章六節）、皇帝の発言は法的な力を持つと書くのを躊躇っておらず、ディオクレティアヌスの法は概して非常に伝統的なままだったからである。皇帝の意思から発したテキストは、「皇帝法」という不適切な名か、あるいは勅法というより専門的な用語で知られているが、次の四つの主要なカテゴリに分類することができる。

- 勅令《エディクトゥム》。ある地域全体と、あるカテゴリの個人全体、あるいはそのいずれかに適用されるもの。
- 裁定《デクレトゥム》。すなわち、元首により下された判決。

・皇帝から役人へ宛てられた一般的な指示〔訓示（マンダトゥム）のこと〕。
・勅答《レスクリプトゥム》。すなわち、役人や個人、都市当局や属州当局から発せられた請願に対して君主が書き与えた返事のこと。

役人に宛てられた返答は書簡形式をとり、他はもとの請願書に書き込む形をとった。皇帝の権威《アウクトリタス》は、そのあらゆる判断に規範的かつ合法的な価値を与え、その判断は判例となった。ほとんどすべての法が首位にある皇帝に発していたが、皇帝全員の名で作成された。

――司法権。帝政前期以来、皇帝は最高位の判事だった。それゆえ、上訴の審理を行なう権限は四人の皇帝に認められていたほか、一部の属州総督――とりわけアフリカやアシアの属州総督《プロコンスル》――にも委任されていた。第一審では、軽微な刑事・民事の事件は都市当局によって、またきわめて重大な案件は属州総督によって、皇帝の名で裁判が行なわれた。

裁判は皇帝の名で行なわれたので、判事は彩色された皇帝像の前に座った。そのような像は多くの公共の場にあり、元首その人に属する威厳を帯びていた。裁判の通常の運営を改善することを期して、ディオクレティアヌスは各法廷のそばに一定の弁護士を配した。弁護士たちは閉鎖的な組合を作り、国家によってしっかりと管理された。彼らは広範な特権を享受し、おそらく一定の謝礼まで国家から受けとっていただろう。

Ⅱ　皇帝の側近

1　宮殿と帝室

マクシミアヌスの息子である僭称帝マクセンティウスの短い治世（三〇七年〜三一二年）を除いて、ディオクレティアヌスとともに、ローマ市は皇帝居住地ではなくなった。軍事作戦の時期を除けば、皇帝たちは、ニコメディア（ディオクレティアヌス）、テッサロニカ（ガレリウス）、ミラノ（マクシミアヌス）、トリーア（コンスタンティウス・クロルス）で暮らすことがとくに多かった。そこでは、彼らは数多くの文武の宮廷人に囲まれていた。

――皇帝の警護。一人、のちには二人の近衛長官によって指揮される、九つ、のちには一〇の近衛大隊によって皇帝の警護は構成された。ディオクレティアヌスはこの制度を維持したが、その組織は変更した。近衛長官は行政上および司法上の職務で特権的な地位にあり、通常は正帝に付き従ったが、近衛長官代行によって指揮されることになった近衛大隊は、たいていローマ市に留まっていた。皇帝を身近なところで警護することについては、近衛兵は「側衛官団」と呼ばれる特別な一団を構成する兵士たちに取って代わられた。

――皇帝の個人的な世話。宮中、すなわち皇帝およびその家族の個人的な世話係は、帝政前期以来非常に発展したが、二つの主要部門に分けられる。すなわち、外廷（宮殿の世話）と内廷（私的な住居での世話）である。これらがディオクレティアヌスによって変更を加えられることはなかったようで、四帝統治の各皇帝に与えられたにとどまった。

2 宮廷

帝政前期のあいだずっと、皇帝は、元老院議員や騎士から選ばれた特権的な一部の人びとに囲まれていた。これらの随行員「コメス」は、とくに軍事遠征に際して、かたわらに控えることを公に認められていた。四帝統治以降、この宮廷は巡行するものとなり、皇帝たちの数多の移動に付き従った。ディオクレティアヌスの治世中に関してはよくわかっていない。

3 皇帝顧問会

帝政前期には、皇帝顧問会は常任メンバー(一部の高級官職)と一時的に招かれた元首の「友人」から構成されていた。この顧問会は諮問機関や上級法廷のような役割を果たしたが、とりわけセウェルス朝以降、近衛長官の権威のもとで大きな政治的役割を獲得した。(1) ディオクレティアヌスは、各正帝のために顧問会を創設したが、騎士身分の助言者からなるスタッフをこの組織に与えて、その構成を変更した。彼らはその行政上の経歴の一部をここで積んで、ヒエラルキーを昇っていった。ディオクレティアヌスは、事実上、近衛長官を顧問会から遠ざけたが、これはまさしく革命的な出来事だった。なぜなら、少なくともセウェルス朝以来、彼らが顧問会を支える存在だったからである。彼らは「聖なる顧問会担当の代行」によって置き換えられた。巨大官庁の長や法律の専門家もまた、きまって顧問会の座を占めていた。

(1) セウェルス朝期、ウルピアヌスのように著名な法律家が近衛長官に就任した。そのため、本来は武官としての色彩が強かった近衛長官の性質は変化し、近衛長官の出席する顧問会の役割が大きくなった〔訳註〕。

顧問会では皇帝だけが着席していたが、帝国全土からの使節や外交使節の接受の場でもあり、政治・立法・行政・司法の諸活動のまさしく中心だった。皇帝は議事日程を決める立場にあり、ヒエラルキー順に並んだ助言者たちの前で唯一自由に発言できる存在だった。顧問たちは「席次の高い順に（元首から）質問された」（ラクタンティウス、一一章六節）。のちのち法文書を推敲するのに役立つことになる皇帝の発言が集められた。真の仕事は皇帝がいないところで行なわれたからである。諸法典には一三〇〇以上のこの時期の勅令や勅答が収録されており、四帝統治の二つの顧問会は活発に活動していたのである。

帝政前期以来、顧問たちは、奴隷や解放奴隷からなる会議の書記官や会議の報告書を作成する秘書官の補佐を受けていた。彼らは信頼のおける人間であり、あらゆる国家機密を知らされていた。四帝統治の時期には自由人となっており、宮殿の事務局に属していた。

第四章　ディオクレティアヌスと中央および属州行政の改革

皇帝権の権威を強めたあとで、ディオクレティアヌスは国家行政を改革する力を手にした。彼は中央の行政をほとんど変更しなかったものの、おもに四つの目標に対してその行動の大部分をあてた。すなわち、行政全体に対する中央権力の重みを増すこと、下部機構への命令伝達を改善すること、住民と行政官を近づけること——このことは属州の機構に深い変化をもたらした——、そして租税徴収をよりよく管理すること、である。

I　中央行政の改革

中央行政はディオクレティアヌスによってますます緊密にコントロールされるようになり、宮廷と区別しがたいこともしばしばだったが、宮殿の「大臣」たちは騎士のままだったから、ヒエラルキー的には比較的つつましい地位にとどまった。

1　皇帝官房

――近衛長官。二人いる近衛長官は、皇帝の権威を脅かしうるものとなっていたので、その政治的な権限を制限しようとして、ディオクレティアヌスは彼らを皇帝顧問会から事実上遠ざけたが、彼らの立法、司法、財政上の権限は増大させた。ディオクレティアヌスによって一般化された基礎的な租税である軍用食糧《アンノーナ》の徴収を担当し、彼らは帝国の税制や経済の全般をコントロールしていた。正帝二人に随行するのがつねだったが、各近衛長官がいずれかの正帝と一緒にいない場合には、彼らは四帝統治の他の皇帝の遠征で幕僚長の役割を果たした。たとえば、ブリタニアの再征服の際には、ユリウス・アスクレピオドトゥスが重要な役割を果たしていた（アウレリウス・ウィクトル、三九章四二節）。

近衛長官は個人的に相当な権威を有していた。彼らは執政官格顕彰を受け、その職務を辞することなく元老院に入ることさえできた。二八六年から二九〇年のあいだに刻まれたオエスクス（モエシア）の碑文に見られるように（『ラテン碑文選集』八九二九番）、アフラニウス・ハンニバリアヌスとユリウス・アスクレピオドトゥスは、騎士身分の近衛長官にしか与えられないエミネンティッシムスという称号を持っていた。彼らは二九二年に正規執政官職を務めたあと、二九三年から二九六年のローマ市の碑文では（『ラテン碑文選集』六一九番）、クラリッシムスという元老院身分を示す称号を持っている。この職務を終えたあとも、近衛長官はさらに経歴を積むことができた。たとえば、〔二八四年にカリヌスの近衛長官だった〕ティトゥス・クラウディウス・アウレリウス・アリストブルスは、二九〇年にアフリカ総督《プロコンスル》となっているし（『ラテン碑文集成』第八巻一一七七四番）、先述のアフラニウス・ハンニバリアヌスは、二九七年に首都長官になっている（『三五四年の年代記』）[1]。

（1）近衛長官は、本来、騎士身分の人物が務める最高位の職務だった。それにもかかわらず、この時期には、近衛長官に在職したまま元老院議員が務めるべき正規コンスルとなるなど、騎士身分と元老院身分の境界を超えることができた。ここに挙げられたアリストブルスやハンニバリアヌスの経歴は、元老院・騎士両身分の違いが揺らいできた状況を示している〔訳註〕。

——皇帝官房。ディオクレティアヌスはこの組織にほとんど変更を加えなかったように思われる。なぜなら、彼が官房長官職《マギステル・オフィキオルム》を創設して、この組織に長を据えたという可能性はほとんどありそうにもないからである。この職名を伝える最初の事例——ヘラクリアヌスなる人物である——は、三二〇年十二月のことでしかないのである(1)。

（1）十二月十七日付の『テオドシウス法典』第一六巻第一〇章第一法文。

帝国財政の管理は四つの、のちには三つの部局に分けられていた。

・サトゥルヌス金庫。かつての元老院の金庫であり、ローマ市の財源となった。

・国庫、あるいは皇帝金庫。これがますます重要になっていった。騎士身分でペルフェクティッシムス級の財務管理官《ア・ラティオニブス》によって運営されていた。実質的な財務大臣であり、ウァレリウス・ホノラトゥスのように(1)、三世紀末には財産管理官《ラティオナリス・スンマエ・レイ》という職名を持った。

（1）『ラテン碑文選集』六四八番。二九三年から三〇五年のあいだのもの。

・現王朝の私有財産《レス・プリウアタ》。

・帝位に付随する世襲財産。

四世紀初めには、皇帝の私有財産と世襲財産は、ガイウス・カエリウス・サトゥルニヌス——いわゆるドグマティウス——のような（『ラテン碑文選集』一二一四番と一二一五番）、帝室財産管理官《ラティオナリス・スンマエ・プリウアタエ》という騎士身分の役人の権威のもとに統合された。この新しい部局は、主として農業に適した莫大な不動産を運営し、個人に貸し出した。これら宮殿の財務「大臣」は管区や属州に騎士身分の代理人や事務局を置いていた。

——宮殿の事務局。ディオクレティアヌスによって皇帝官房の五大部局に再編成され、補強された。

- 請願部は、個人から送られた請願を扱った。
- 通信部は、属州総督や他の国家官吏、帝国内の諸共同体から送られてくるあらゆる書簡を担当した。
- 調査部は、皇帝官房の受け取った他のタイプの全資料を管掌した。
- 訴訟部は、皇帝裁判に委ねられた訴訟の予審を行なった。
- 文書部は、二重の役割を持つ官房の総合事務局だった。元首による講評を起草し、他の部局によって準備された諸資料への回答を発送した。

この五大部局に加えて、他の多くの宮殿の部局が財務行政や行幸の運営などに責任を負った。各部局はそれぞれの長——外部の識者であることも頻繁にあった——や次官の権威のもとに置かれた。いずれも騎士身分である。

「あらゆる部局の兵士たち」が執拗だったことに対してラクタンティウスは強く抗議しているが（三一章三節）、それによれば、ディオクレティアヌスは宮殿と属州のあらゆる部局の役人を兵士とみなしていた。これが、彼らの忠誠とヒエラルキーや規律への意識を強める最善の方法だったのである。皇帝によって任じられたので、役人は、兵士のように、職務開始に際して皇帝に対し忠誠を誓った。擬制的に部隊に登録され、俸給と公のボーナスを受け取った。彼らが図ってやることのできる便宜と引き換えに、個人から公然と「賄賂」を受け取ったし、無視しえない（税制面での？）他の諸特権も享受したのである。

役人は出生自由人であり、一部は抜擢されることで、また一部は年功によって、二〇年に及ぶ勤務期間中に昇進を果たした。帝政後期の役人のような制服（軍用マント（クラミス）や留め金（フィブラ）、剣帯）がすでにあったのかどうかは、わかっていない。

——特任調査官《アゲンテス・イン・レブス》。特務警察《フルメンタリウス》は警察業務を行なうために近衛長官によって派遣された百人隊長からなっていたが、人びとに嫌われた存在だったため、ディオクレティアヌスによって廃止された（アウレリウス・ウィクトル、三九章四四節）。彼は、おそらく特任調査官《アゲンテス・インレブス》という新しい一団によって特務警察《フルメンタリウス》を置き換えた。しかしながら、その創設は、その名が初めて確認されるコンスタンティヌス治世になってからにすぎないのかもしれない。

2　元老院

ローマが事実上その首都機能を失ったことは、皇帝と元老院のあいだの恒常的な協力関係、そして元老院というこの上層民の議院の政治的役割に終止符を打った。イリュリア人皇帝たちと同じく、ディオクレティアヌスは、元老院を政治上従属的な役割にとどめ置いた。というのも、この軍人〔＝ディオクレティアヌス〕は元老院議員の特権的な階級意識と尊大さが嫌いだったからである。しかしながら、彼は騎士身分には非常に大きな活躍の余地を与えて、彼らについては、敬意を示す標章を増やすようおおいに気を配った。そのメンバー〔＝騎士身分〕は、四帝統治で創設されたり変更されたりした役人の称号の例を示してくれる。

——元老院議員の採用。元老院議員の息子は生まれながらにしてすでにクラリッシムスだったが、元老院に入れるのは法務官《プラエトル》を務めたあとでしかなかった。法務官格や執政官格への編入によってあとからこの上層民の議院へ入った新人元老院議員の加入とまったく同じように、世襲による採用も維持された。

——運営の変化。元老院は毎月一日《カレンダエ》と十五日《イドゥス》の二度の通常審議をフォルムに面したカエサルのクリアでひきつづき開催していた。議題は皇帝によって定められた。皇帝はメッセージをこの議院に伝え、議長——通常は首都長官——がそれを読み上げた。ディオクレティアヌスは、たとえ実際の立法業務は皇帝顧問会で行なわれていたにせよ、帝国行政全般に関わる元老院決議を元老院での投票に付すよう提案しつづけた。普段は、いかなる論争も、投票さえもなかったが、元老院と元首の関係の儀礼的な形になりつつあった単純な歓呼ならば存在した。法律に関するイニシアチブについて、この議院が保持していたのは、地域的な利害に関わる問題のためだけだった。それゆえ論争も存在したが、その際には、各元老院議員はヒエラルキーに従って順番に意見を表明した。

——元老院の役割。ガリエヌス（在位：二五三〜二六八年）による改革後、元老院は元老院管轄属州への擬制的な主権を失い、帝国規模では財政・司法上の役割をもはやほとんど持っていなかった。元老院にできたのは、せいぜい、個々の点について意見を知らせるために皇帝に使節を派遣することくらいだった。首都長官の支配のもと、元老院はローマ市の都市参事会と化していた。首都長官は皇帝に直属していたので、最高位の元老院議員のままだった。首都長官は、首都の一四の区およびローマ市周辺の一〇〇マイル（約一五〇キロメートル）以内の区域での行政・警察・司法・宗教に関する大きな権限を保持した。さまざまな監督官や食糧長官、夜警長官の上官だったのである。首都長官就任者の例としては、二九〇年から二九一年にかけてのルキウス・トゥッラニウス・グラティアヌスのような人物がいる（『ラテン碑文集成』第六巻三一二四一番）。

元老院はみずからの事務局を持っていた。元老院議員名簿や財産状態を日々把握して、審議の議事録を編纂し、資料を保管し、サトゥスルヌス金庫を管理したほか、市内の警察や行政について一定の役割を果たしたが、帝国レベルで「政治的な」役割を果たすことはもはやほとんどなかった。

3　伝統的な公職

ディオクレティアヌスは元老院議員の公職階梯は既存のままにしておいたが、そのうちいくつかの職務（財務官以前に就く役職、造営官、護民官）は三世紀後半のあいだに徐々に消滅していった。元老院議員の経歴は、もはや四つの公職（財務官、法務官、補充執政官、正規執政官）を含むにすぎなかったが、四帝統治の時期に関してはあまりよくわかっていない。あらゆる権限を事実上失っていた公職は、すでに皇帝によって指名されていたのかもしれない。

――財務官《クアエストル》。ディオクレティアヌス以来、これは元老院議員の息子が二十五歳（？）で就任するだけのものとなり、もはや元老院への加入を認めるものではなくなったように思われる。一年ごとの財務官の数はわかっていない。

――法務官《プラエトル》。これを務めると元老院への加入を許されたが、首都担当法務官と後見担当法務官の二つのポストだけしか残されなかった。これらは明らかに上級の元老院貴族のメンバーにとって置かれたが、このことが元老院の世代交代に大きな制約を課した。この二つの法務官職は裁判に関して一定の職権を保った。

——補充執政官《コンスル》。法務官のあとすぐに就く職務で、帝政前期には非常に稀なものだったが、四世紀初頭の数年間にその重要性をかなり失った。しかし、この役職を果たすことは、元老院議員として重要な職務に就くために不可欠なものだった。補充執政官を経て重要な職務を務めた人物としては、二九〇年頃に補充執政官を務めたティトゥス・フラウィウス・ポストゥミウス・ティティアヌスのような例がある(『ラテン碑文選集』二九四一番)(1)。

(1) ティトゥス・フラウィウス・ポストゥミウス・ティティアヌスは、その後、カンパニア州知事、アフリカ属州総督、正規コンスル(三〇一年)、首都長官(三〇五〜三〇六年)を歴任した〔訳註〕。

——正規執政官《コンスル》。もともと高い威信を誇っていたが、ディオクレティアヌス治下、その重要性はますます増大した。皇帝がこれを引き受けないときには、皇帝の覚えの非常にめでたい元老院議員の経歴の最後を飾るものとなった。たとえば、二九五年は、ヌンミウス・トゥスクスとアンニウス・アヌッリヌスが正規執政官を務めた(『ラテン碑文選集』四一四三番)。二人の正規執政官はいつも一月一日にその職務に就いたが、その役割は純粋に名誉的なものだったように思われる。

公職に就いているあいだ、彼らは主としてローマ市で過ごしたので、これらの全公職の欠かせない仕事は、その仕事始めの日に、非常に高価な見世物を首都の人びとに——というのも首都の住民たちは贅沢だったから——与えることだった。見世物の支出を引き受けて元老院へ入るためには、その金額は元首の部局によってあらかじめコントロールされてはいたものの、相当な財産を自由にできなければならなかった。この時期の元老院議員になるための資格財産の額はわかっていない(1)。

(1) 帝政前期には、元老院議員になるための資格財産は一〇〇万セステルティウス、騎士身分の場合は四〇万セステルティウスだった〔訳註〕。

伝統的な公職を果たすと、元老院議員たちはローマ市や諸属州で他のさまざまな役割を果たすことができるようになった。たとえば、ルキウス・カエソニウス・オウィニウス・マンリウス・ルフィニアヌス・バッススはその一例で、三世紀後半に非常に華麗な経歴を歩んでいる。彼の経歴は、そのままの順序ではないもの、カンパニアのアヴェルサで発見されたある碑文に表わされている（『碑文学年報』一九六四年、二二三番）。

「ルキウス・カエソニウス・オウィニウス・マンリウス・ルフィニアヌス・バッスス、クラリッシムス級の人物で執政官二回、大神官、ソル神官、パラティウムのサリ神官、首都長官、正帝たちの随行員《コメス》、ローマ市とアフリカ属州における国庫と個人のあいだおよび個人間の上訴不可能な皇帝代理判事、大法廷陪席のための神君プロブスによる選任官、アフリカ属州総督三回、カルタゴ市監督官、カルタゴ担当アフリカ属州総督代理、ティベル川床および首都下水道監督官、ベネヴェント市監督官、法務官候補、財務官候補、騎士部隊を率いる六人委員、死罪担当三人委員を歴任した人物に対して、その解放奴隷であるカエソニウス・アキッレウスが、素晴らしきパトロンのために（このモニュメントを）設置させた。」

このパトリキの元老院議員は、二世紀半ばから知られているクラリッシムス級の古い家系に属していた。彼はその経歴を死罪担当三人委員――死刑執行を取り仕切るのが役目だった――から始めた。次に、六人委員として、毎年七月十五日に騎士の行進を指揮する栄誉を得た。それから、おそらくヴァレリアヌスやガリエヌスによって推薦された財務官や法務官の候補者となる。彼の法務官格の職務の経歴はいくつかの問題を抱えているが、M・クリストルの説に従った[1]。二五九年か二六〇年に補充執政官を務めるより前には、都市財政の監査を行なうベネヴェント市監督官しかしていなかったように思われる。執政官格での最初の職務はティベル川床および首都下水道監督官だったが、それに続いて、属州総督を補佐するアフリカ属州総督代理職、カルタゴ市監督官職、アフリカ属州総督職となった。彼はアフリカ属州総督職を二七五年頃に三年にわたって務めることになる。アフリカから戻ると、彼の経歴は異なる方向に向かい、規定外の二つの役職を果たすことになった。すなわち、ある種の訴訟を裁くためにプロブスによって創設された例外的な法廷である大法廷と、首都および北アフリカの諸属州での国庫と個人のあいだおよび個人間の訴訟を裁くための皇帝による上訴委員会の裁判長である。それから、カルスとヌメリアヌスの東方遠征に両帝の随行員《コメス》として参加した。ようやく二度目の執政官となったのはディオクレティアヌスの即位時、彼とともに執政官に就任したときのことであり、首都長官になったのはおそらく二八五年のことである。年代ははっきりしないが、彼は権威ある三つの神官職という栄誉も得た。若手のパトリキに限られていたパラティウムのサリ神官、アウレリアヌスによって二七四年に創設された神官団であるソル神官——彼はおそらくその創設メンバーだっただろう——、そしてローマの四つある大神官団の首座を占める大神官である。

（1）巻末引用文献【20】、一五八〜一七二頁、一二三番を参照。

と属州の分割である。

II　属州行政の改革

皇帝権を強固で集権化されたものとして回復させ、官僚機構の重みを増大させて、ディオクレティアヌスはローマ世界の構造を再構築する手段を手にした。実際、彼は二重の改革を行なった。管区の創設と属州の分割である。

1　新たな行政区分――管区

いまだ年代は不確実ながら（二九二〜二九三年か二九七〜二九八年）、まず、ディオクレティアヌスはいくつかの属州をより大きな単位である管区に再編成した。おそらく、近衛長官の行き過ぎた重要性を抑制し、属州総督へのコントロールを強めるためだったのだろう。

――管区の創設。三一三年頃に作成され、属州の数についてはいくつか不正確な点や欠損を含んでいるものの、『ヴェローナ・リスト』のおかげで、この新たな行財政区分が一二あったことがわかっている。

・オリエンス管区（中心はアンティオキア）。一六属州（上リビア、下リビア、テバイス、アエギュプトゥス・ヨウィア、アエギュプトゥス・ヘルクリア、アラビア、アラビア・アウグスタ・リバネンシス、パレスティナ、フォエニケ、シリア・コエレ、エウフラテンシス・アウグスタ、キリキア、イサウリア、キプルス、メソポタミア、オスロエネ）。この管区は実際には一八属州からなるが、二属州はこのリストでは数えられていない。(1)

（1）「アラビア・アウグスタ・リバネンシス」ではなく、「アラビア」と「アウグスタ・リバネンシス」の二属州と数え、さらに「アラビア」が二つあったとして、リストにすべて含まれているという見方もある。詳しくは、訳者による参考文献【1】二一三〜二一五頁を参照〔訳註〕。

- ポンティカ管区（中心はカエサレア）。八属州（ビテュニア、カッパドキア、ガラティア、パフラゴニア、ディオスポントゥス、ポントゥス・ポレモニアクス、小アルメニア、大アルメニア）。
- アシアナ管区（中心はエフェソス）。九属州（リュキア・パンフュリア、第一フリュギア、第二フリュギア、アシア、リュディア、カリア、島嶼部、ピシディア、ヘレスポントゥス）。
- トラキア管区（中心はアドリアノポリス）。六属州（エウロパ、ロドペ、トラキア、ハエミモントゥス、スキュティア、下モエシア）。
- モエシア管区（中心はセルディカ）。一〇属州（ダキア、上モエシア、ダルダニア、マケドニア、テッサリア、プラエウァリタナ、旧エピルス、新エピルス、クレタ、アカイア）。
- パンノニア管区（中心はシルミウム）。七属州（下パンノニア、サウェンシス、ダルマティア、ウァレリア、上パンノニア、ノリクム・リペンシス、ノリクム・メディテッラネウム）。
- ブリタニア管区（中心はロンディニウム〔現ロンドン〕）。四属州（第一ブリタニア、第二ブリタニア、マクシマ・カエサリエンシス、フラウィア・カエサリエンシス）。
- ガリア管区（中心はアウグスタ・トレウェロルム〔現トリーア〕）。八属州（第一ベルギカ、第二ベルギカ、第一ゲルマニア、第二ゲルマニア、セクアニア、第一ルグドゥネンシス、第二ルグドゥネンシス、アルペス・グライアエ・エト・ポエニナエ）。
- ウィエンネンシス管区（中心はウィエンナ）。七属州（ウィエンネンシス、第一ナルボネンシス、第二ナルボネンシス、ノウェム・ポプリ、第一アクィタニア、第二アクィタニア、アルペス・マリティマエ）。

・ヒスパニア管区（中心はエメリタ）。七属州（バエティカ、ルシタニア、カルタギニエンシス、ガッラエキア、タッラコネンシス、バレアレス、マウレタニア・ティンギタナ）。イベリア半島へのマウリ人の侵攻に有効に対処するために、現在のモロッコ北部にあたるマウレタニア・ティンギタナがヒスパニア管区に所属させられた。

・アフリカ管区（中心はカルタゴ）。七属州（プロコンスラリス、ビュザケナ、ヌミディア・キルテンシス、ヌミディア・ミリティアナ、マウレタニア・カエサリエンシス、マウレタニア・シティフェンシス、トリポリタニア）。

・イタリア管区。一八属州（アルペス・コッティアエ、ラエティア、ウェネティア、ヒストリア、アエミリア、リグリア、フラミニア、ピケヌム、トゥスキア、ウンブリア、カンパニア、アプリア、カラブリア、ルカニア、ブルッティイ、シキリア、サルディニア、コルシカ）[1]。

（1）ここで、イタリア管区は一八属州からなるとされているのは、先述の『ヴェローナ・リスト』に基づいたためだと思われる。ただし、このリストでは、「イタリアは一六属州を有する」と述べたうえで、一八の地名を挙げており、欠けているぶんを補うと一八になる。このリストにあるいくつかの誤植の一つである。なお、後述の本書七五～七六頁にもあるように、実際のイタリアの州の数は一二程度だったと考えられている。ウェネティア・ヒストリア州のように、アエミリア・リグリア、フラミニア・ピケヌム、トゥスキア・ウンブリア、アプリア・カラブリア、ルカニア・ブルッティイについても、それぞれ二つの地域で一州を構成していたことが碑文史料や法史料から確認されている〔訳註〕。

――新たな行政官、管区代官《ウイカリウス》について。ディオクレティアヌスは、三〇三年から三〇六年か三〇八年のアフリカ管区代官だったウァレリウス・アレクサンデルのように（『碑文学年報』一九四二／一九四三年、八一番）、正式には近衛長官代行《アゲンス・ウイケ・プラエフエクトルム・プラエトリオ》という称号を持つ責任者に管区を委ねた。実際には、その職名にもかかわらず、彼らは近衛長官の配下ではなく皇帝に直属していた。管区代官《ウイカリウス》は近衛長官に代わる存在だった。ペルフェクティッシムス級の騎士であり、あらゆる属州総督に対する職権を持っていた。おそらくアフリカとアシアの属州総督《プロコンスル》を除いて、クラリッシムス級の元老院議員が務める属州総督もその職権に含まれていたように思われる。騎士身分の管区代官がクラリッシムス級の属州総督をコントロールするという事態には少しばかり驚かされる。ディオクレティアヌスは、元老院議員が総督を務める管区の管区代官には元老院身分の人物を任じるよう気を使っていたのかもしれない。管区の創設は、元老院議員に代わって騎士身分の属州総督を置くという属州行政の変化の動きを加速させた。

四帝統治のあいだ、管区代官は、厳密なヒエラルキーに従って組織された官僚を自由にできたから、その役割はきわめて重要なものだった。文官ではあったが、リメスの要塞をも管掌した。属州総督や管理官、管区の役人を監視し、彼らに対して懲戒権を行使した。二つの財政担当職――一方は国庫、他方は皇帝の世襲財産を担当――の補佐を受けて、財政に関するあらゆる権限を持っていた。財産没収を実施し、カピタティオ税〔本書九二頁〕の税率を定め、総督によって集められた租税を輸送した。ことに、属州総督や都市当局によって下された刑事・民事・行政上の最初の判決の上訴審として、とくに司法業務も担当した。ときには初審として判決を下すことさえあった。

2　属州

ディオクレティアヌスは属州の数を大幅に増やした。それは、効率性を高めるために行政と住民の距離を縮めることに熱心であり、領土防衛を強化して租税をよりよく徴収することを望んでいたからである。おそらく個々の役職の権威を弱めることも望んでいたからだろう。三〇〇年のわずかばかり前に始まったが、この企てには長い時間を要した。三〇三年のアフリカの分割を除いて、その幾多の過程は我々にはわからないままである。

——属州数の増大。二八四年にディオクレティアヌスが即位したとき、帝国は五〇たらずの属州に分けられていた。三〇五年に退位したときにはおよそ一〇〇を数えた。メソポタミアという属州にまとめられたティグリス川の向こう側に位置する五地域は、ガレリウスの勝利によってローマに併合されたものだが、他のあらゆる新しい区分は古い属州を分割した結果だった。「諸属州も断片へと分けられた」(ラクタンティウス、七章四節)のである。たとえば、旧来のアフリカ・プロコンスラリス属州は三つに分割された。すなわち、プロコンスラリス——あるいはゼウギタナ——とビュザケナ、そしてトリポリタニアである。ナルボネンシスも、ウィエンネンシスと第一ナルボネンシス、第二ナルボネンシスの三つにされた。エジプトは特有の地位を保った。というのも、新しい三属州にはそれぞれに属州総督がいたが、騎士身分のエジプト長官の卓越した権威のもとに置かれていたからである。

新しい属州名の多くは『ヴェローナ・リスト』に記されているが、これらの新しい区分のことは史料がないためにに依然としてよくわかっていない。それらは概して民族事情をほとんど考慮しないものだった。というのも、たとえば、トラキアは六属州に分割されたからである。このように再編成されたが、属州は統治に不可欠な単位であり続けた。

——イタリアの属州化。この行政再編の一環として、イタリアは特権的地位を失い、おそらく二九〇〜二九一年に一二(?)の地域——それらは時折再構成された——に分割された。文書では属州《プロウインキア》ではなく州《レギオ》という言葉で示されたが、知事《コレクトル》という事実上の総督によって治められていたから、実態はまさしく属州だった。三〇五〜三一〇年頃にウェネティア・ヒストリア州の知事《コレクトル》だったガイウス・ウェッティウス・コッシニウス・ルフィヌスのように（『ラテン碑文選集』一二一七番）、四帝統治のあいだ、知事の大半は元老院議員であるクラリッシムス級の人物だった。ローマ市周辺の約一五〇キロメートル以内のゾーンだけは、首都長官の権威のもとに置かれた。

——総督たち。属州はすべて、あらゆる役人を指名するディオクレティアヌスとその同僚たる皇帝たちの権威のもとに置かれた。元老院議員であれ騎士であれ、属州総督はきわめて重要な人物のままだった。執政官格だったアフリカとアシアの属州総督《プロコンスル》は、総督代理の補佐を受け、ヒエラルキーの頂点を占めつづけた。属州総督《プロコンスル》就任者としては、三〇二年（？）三月にアフリカ総督だったアンミウス・アニキウス・ユリアヌスのような例が知られている（『ラテン碑文選集』一二二〇番）。彼らは一年任期で任命されたが、ときには二年目まで、さらには三年目まで延長されることもあった。皇帝は、その任地において、皇帝に代わって上訴に判決を下すという大きな栄誉を彼らに与えていた。元老院議員は、皇帝属州（ヌミディア、シリアなど）や元老院属州（アカイア、シキリアなど）のなかでとくに重要で古いものの統治を担当しつづけた。彼らはやがてコンスラリスやプラエセスといった称号を帯びるようになり、後者はあらゆる属州総督の総称となるに至った。二九〇〜二九三年にマウレタニア・カエサリエンシスの属州総督《プラエセス》を務めたティトゥス・アウレリウス・リトゥアのように（『ラテン碑文選集』六二七番）、他の地域は——こちらのほうがはるかに数は多いのだが——騎士身分のペルフェクティッシムス級の総督に委ねられた。

総督は軍事的な役割を失ったものの、属州の財務官の廃止と騎士身分の管理官数の削減という事実のおかげで、その行政上、財政上、司法上の役割は格段に増大した。管轄下にある行政全般の責任は彼らに課された。国家資産を運営し、都市の収支や租税の徴収を管理し、都市のあいだで租税の分担を差配した。帝政前期と同様、彼らは担当属州のいくらか重大性をもつような民事訴訟と刑事訴訟すべての判事を務めることが最優先であり、とくに重要な都市で巡回裁判を行なった。属州の数が増加してからは、訴訟業務が過剰という事態は減少し、二九四年のある法文では（『ユスティニアヌス法典』第三巻第三章第二および第三法文）、自身の権限を裁判担当の補佐役に委任する前に全資料をみずから検討するよう強く督励されている。

――属州総督府。四帝統治の時期に関してはよくわかっていないものの、総督の職務が増加し、収税機構をうまく機能させせようと努めた結果、彼らの効率が格段に上昇し、特権も増加したのは確実である。というのも、ラクタンティウス（七章四節）は、いくらか誇張も交えて「多くの役人たちが各地方と大半の都市へとのしかかった」と書くことができたからである。軍のように組織化されて、しっかりと階層化され、平均すれば一〇〇人ほどが雇われて事務長のもとで働いていた。二一五（？）年の勤務のあと、おそらく、すでに軍隊ではもはや存在していなかったプリミピルスという名誉的な位階を得て、属州の役人は退職していった。

――属州会議。ディオクレティアヌスは、この非常に古い仕組みをあらゆる新設属州にも拡大し、その古くからの権限（皇帝礼拝、属州の利益の保全など）を維持した。とりわけ、三一三年（？）に証言されているビュザケナ属州会議がその例にあたる。[1] 帝政前期のように都市の代表者によって構成され、皇帝礼拝のために選ばれた祭司の臨席のもとで毎年集会を開いた。

（1）『テオドシウス法典』第一二巻第一九章第三法文、七月二十七日。

第五章　ディオクレティアヌスと都市行政の改革

三世紀の混乱と破壊のあと、ディオクレティアヌスとその同僚たちは、都市行政を、すなわち自治を行なう諸都市——諸都市は属州のローマ化に際してきわめて大きな役割を果たしていた——からなるモザイクを回復させるべく、あらゆることに意を用いた。大規模な建設事業政策を実施したり（『ラテン頌詞集』五番四章と一八章）、ガリアやトラキア、パンノニアでは、一部で人口の減少した田園地帯や都市に、たとえ蛮族であれ、新しい住民を入植させたりして、地元の名望家が廃墟と化した都市を復興するのを支援した。四帝統治の皇帝たちはこれ以外の他の政策をとることはほとんど不可能だった。帝国の財政状況は、国税を納めさせようという地元の公職者の熱意にかかっていたからである。

I　諸都市の地位

二一二年にカラカラがローマ市民権をほぼすべての自由人に与えたことで、諸都市——中心市街によって治められ、大小に差はあれ、一定の領域からなる——の地位も平準化された。諸都市は、すべてが植民市《コロニア》や自治市《ムニキピウム》といった称号を受け取ったわけではなかったにせよ、ほぼすべてがローマ市民権を持つ共同体となった。これらの称号は、法制上であれ税制上であれ、もはやいかなる特権とも対応していなかったが、その栄誉を与えられた都市にとっては、依然としておおいなる名声とするに値した。大部分の都市はキウィタスという一般的な言葉で表わされていたのである。ディオクレティアヌスのもとでは、法の施行に際して都市憲章を尊重するよう、二つの法文がなおも規定していたにせよ（『ユスティニアヌス法典』第一〇巻第四〇章第六法文など）、都市の地位が平準化されたことは、古い個別の特権――非常に有名なカリアのアフロディシアスが持っていた自由都市の地位のような[1]――を抑制する方向に働いた。

（1）アフロディシアスは現在のトルコ南西部にある都市遺跡である。数多くの碑文が発見されているほか、遺跡の保存状態も良く、ローマ史研究において重要な舞台となっている。また、ここで言う「自由都市」とは、帝国に対して納める租税の免除特権を持ち、属州総督の都市行政への介入を拒むことのできた都市を示す〔訳註〕。

多くの都市で段階的に都市化が進んだ結果、行政上の拠点となる中心市街のほかに、重要性で劣る別の市街地（ウィクス）が形成されることになった。たとえば、旧来のナルボネンシス属州に属するウィエンナ市は非常に広大で、少なくとも現在のエクス・レバン、アルバン、アヌシー、アオスト、ジュネーヴ、グルノーブルと、おそらくシャトーヌフとジリー[1]もその領域内に数えることができる。これらの集落はその属する都市の管轄下に置かれたが、多かれ少なかれ都市化されており、その大きさや住民の懐具合に応じて、一定の自治も行なっていた。三世紀中および四帝統治のあいだに、都市的集落のうち、とくにローマ化の進んでいたいくつかのものは別個に完全な都市となった。とくに、二八六年から二九三年のあいだにエドゥアンから分離したマコン、シャロン・スル・ソーヌやオセール、あるいはウィエンナ市から切り離されたグルノーブルやジュネーヴの事例がそれにあたる。ディオクレティアヌスやマクシミアヌスはグルノーブルにしっかりと整備された市壁と門まで提供したのである（『ラテン碑文集成』第一二巻二二二九番)。

(1) ここで挙げられた地名は、いずれもリヨン南方にある現在のヴィエンヌ(旧名ウィエンナ)から、スイスのジュネーヴまでのエリアに位置する〔訳註〕。

II 諸都市の行政

植民市《コロニア》であれ単なる都市《キウイタス》であれ、これ以降は同じ方法で治められた。その機構は次第にローマ化された。たとえ、三世紀末、マウレタニア・カエサリエンシス属州では、アルタウァ市が都市のトップに〔ポエニ風公職の遺制である〕「都市の首席」を持つほどにいまだ旧来の機構を保っていたにせよ(『碑文学年報』一九五七年、六七番)、北アフリカではスフェスのような古来のポエニ風の公職は、〔ローマ風の〕二人委員職に徐々にその場を譲っていった。著しく変容したにもかかわらず、都市の機構は依然として三つの同じ要素からなっていた。民会、都市参事会、公職者である。

1 民会

都市の民会は地元の市民のみで構成されており、帝政前期には一定の特権(公職者の選挙、属州総督や公職者、恵与者への顕彰決議と像の設置——あるいは顕彰決議か像の設置——に関する票決など)を有していたが、都市のこの組織は決して民主的なものではなかった。ときの流れとともに、民会の権限は幾分か弱まった。とりわけ公職者の選出権限は失われた。しかしながら、少なくとも北アフリカとエジプトでは——

この二地域は利用できる史料が比較的豊富である——民会は公職者の選出に参与しつづけた。たとえば、三二五年か三二六年の七月(?)三十日のコンスタンティヌスの法文は、「アフリカでは慣習に基づいて民衆の同意によっても(二人委員の)任命が行なわれている」と明言している(『テオドシウス法典』第一二巻第五章第一法文)。おそらく、この書き方からすると、もはや実際に投票が行なわれたわけではなく、公の集会に民衆が集まり、公職者によって提案された候補者を儀礼的に歓呼するにとどまったと考えるべきだろう。都市の民会は依然として騒々しいものとなることもしばしばであり、都市参事会員や公職者に非常に恐れられた激しい示威行動で指導者に圧力をかけることもできた。

2 都市参事会

都市参事会は、都市の基礎となる機構であり続けた。公職者は毎年交代したので、都市参事会が都市運営の継続性を保証していた。あらゆる公職経験者がそのメンバーとなったので、参事会の永続性は保障されていたが、少なくともセウェルス朝期以来、定数を満たすために、世襲的に都市参事会員身分に属していた都市参事会員の息子たちに頼らねばならなかった。都市参事会員となるのに必要な資格財産を持っていたならば、四帝統治期には、彼らは十八歳で参事会の実際のメンバーとなった。これらのペダニやプラエテクスタティは、初めは会合に発言権のない立場で参加した(1)。

(1) ペダニ(pedani。より一般的にはペダリィ pedarii)は、本来、監察官(ケンソル)によって登録される前の見習元老院議員のことを示す。また、公職者が着用した緋色の縁飾りのついた正装をトガ・プラエテクスタというが、プラエテクスタティは、そのトガ・プラエテクスタを着用した人物のことを示す〔訳註〕。

ペダニの貢献にもかかわらず参事会が定員を満たせなければ、都市参事会員たちは都市参事会員の家系に属さない他のメンバーの加入を認めた。新入会員は出生自由人で嫡出であり、かつ都市参事会員の資格財産を持っていなければならなかった。新入会員は一般に土地や建物といった資産の所有者であり、富を蓄えたばかりの、あるいは――小さい都市では都市参事会へ入れられるのに、ごくわずかな財産で充分だったので――少なくともある程度のゆとりを手にしたばかりの人びとだった。彼らは当初はペダニの地位となった。もし望むなら、このペダニの採用はその都市の市民に限定されず、居住していようといなかろうと、そこに土地を持っている他の都市の市民にまで拡大されることもあった。たとえば、三世紀の末には、騎士のアウレリウス・フラウィウスはカルタゴの都市参事会員であり、プロコンスラリス属州のウィナ市の造営委員、二人委員、都市監督官でもあった（『碑文学年報』一九六一年、二〇〇番）。参事会には、名誉会員――あらゆる都市の責務を果たしおえた元都市参事会員で、もはや参事会に籍を持たない人びと――も含まれていた。カルタゴやエフェソスのような巨大都市では、都市参事会員がクラリッシムス級やペルフェクティッシムス級、あるいは皇帝礼拝の属州祭司となることもしばしばだった。

　参事会の場では、都市参事会員たちはヒエラルキーに従って配されており、その参事会が都市生活に関するあらゆる重要決定を下していた。すなわち、民会で批准されることになる公職就任予定者の名前の提案、都市や国家のための無償の賦役を保障すべき都市参事会員の選任、都市パトロンの指名、総督あるいは皇帝にまで送られた使節団の構成、公共作業場の開設および管理などである。ディオクレティアヌス以来、参事会はおそらくそのメンバーの義務に対し連帯して責任を負い、遺言も息子もないままに死んだ都市参事会員の財産を相続した。一〇人（?）の上位権力者、筆頭参事会員《プリンキパレス》からなる評議会が全体の議論を指導して方向性を定め、現職の公職者をコントロールしていただろう。

資格財産の状況は都市の重要性に応じて多様だったので、都市参事会員が帝国レベルで均質的な社会集団を構成していたわけではなかった。わずかな資産しか持たないような人びとが最も多かったが、彼らが最高位の役職に就くことはなかった。参事会の定数もきわめて多様だった。リバニオス（『弁論』第四八番三節）を信じるなら、アンティオキア（シリア）の参事会はディオクレティアヌス治下に六〇〇人のメンバーを数えたというが、都市参事会員の数がこれほど多いのは例外的だった。

3　都市公職者

P・プティによれば[1]、伝統的な都市公職はアンティオキアでは三世紀中に消滅し、都市監督官に取って代わられたという。同じことが帝国の残りの地域で起こったとは思えない。たとえ都市監督官が以降は全都市で確認され、首位を占めたとしても、他の公職が史料で頻繁に言及されているからである。

（1）巻末引用文献【21】を参照。

——都市監督官。帝政前期には、都市監督官は都市から求められて、皇帝によって任じられた。クラリッシムス級の元老院議員か騎士、あるいは都市名望家であり、都市財政の規律を回復させるために一時的にその任に就いた。ディオクレティアヌスの時代からは、都市監督官の役割や地位は大きく変わった。その職権が都市生活全般へと拡大された一方で、都市監督官は常設の役職となった。諸都市が監督下に置かれる方向へと大きな一歩が踏み出されたのである。ディオクレティアヌス治下では、二九三年から三〇五年のあいだのトゥッガ（プロコンスラリス属州）のオクタウィアヌス・ストラトニアヌスのようにクラリッシムス級の監督官や（『ラテン碑文集成』第八巻二六四七二番）、二九五年頃のクィクル（ヌミディア属州）のマルクス・ルティリウス・フェリックス・フェリキアヌスのように騎士の監督官も依然として知られている（『碑文学年報』一九二〇年、一五番）。その地位にある一年間、三〇三年から三〇五年のあいだのティムガドのユリウス・ランベシウスのように[1]、その権限は多様だったので、監督官は実際その都市のまさしく「市長」となった。すなわち、財政の運営、建築物の建設・維持・運営、警察、訴訟の進行、食料品価格の監視、公的な行為の記録、帝国当局による決定の執行などである。

（1）巻末参考文献【22】を参照。

——二人委員。二人委員は、ほぼつねに、能力に応じてというよりは、むしろ社会的地位、富裕さ、参事会内の年功といった理由で都市参事会員によって選ばれていた。もはや都市行政において首位を占めてはいなかったが、依然として参事会を主宰していた。監督官の補佐役として、とくに行政や司法の面では無視しえない権力を保持していた（軽微な犯罪の第一審、奴隷の解放、相続、後見人の指名など）。自身の後任の名前を参事会に提案しなければならなかったが、それは些細な仕事ではなかった。というのも、退任者は、続く年の二人委員の職務のほか、その義務となる財政負担の支払いに対してみずからの財産で責任を負っていたからである。

原則として、五年周期二人委員の職務は都市監督官によって行なわれた。しかしながら、この職務が依然として存在している都市もあり、そこでは彼らが戸口調査や都市参事会員名簿の更新に責任を負った。

——財務委員と造営委員。都市公職のキャリアには、財務委員と造営委員という下位の二つの役職が相変わらず含まれていた。財務委員は単なる名誉称号と化していたにせよ、造営委員は街頭の秩序維持や市場の監督といった伝統的な仕事の少なくとも一部は保っていた。

——神官。都市のエリート層の経歴のなかで依然として最上位を占めるものの一つだった。

Ⅲ　都市参事会員や都市公職者の義務的な負担

諸都市はさまざまな資産を持っていた（耕作地、家屋、店舗、工房、牧草地、森林など）。それにもかかわらず、都市財政はその多くを都市参事会員の「気前良さ」に頼っていた。帝政前期のように、公職者の選挙はすべて、選ばれた新人が都市の金庫に「入会金」を支払うことを前提としていた。その額は都市の重要性に応じてさまざまであり、その獲得した栄誉ゆえに、恩恵施与行為《エヴエルジエティスム》も義務として履行せねばならなかった。たとえば、ビュザケナ属州のタラ市では、スルピキウス・フェリックスが造営委員の栄誉ゆえに公共広場か柱廊の建設を約束していたが、その約束を履行できる（あるいはそれを望む）よりも前に亡くなってしまった。彼の息子たちが、未成年ではあったものの、後見人と親族の権限のもとで二八七年にその作業を仕上げさせることになった（『ラテン碑文集成』第八巻二三二九一番）。

都市参事会員や都市公職者は、非常に多様で自由な恩恵施与行為も多かれ少なかれ自発的に行ないつづけていた。その行為は、同胞市民たちからの敬意や、おそらく謝意をも、彼らにもたらしたのである。たとえば、二九九年にマウレタニア・カエサリエンシス属州のアルブラエ市では、三人の恵与者、アウレリウス某［……］、アウレリウス・クィントゥス、アエミリウス某［……］がマウラ女神の神殿の修復のために資金を拠出した（『ラテン碑文集成』第八巻二一六六五番）。

加えて、都市のエリートは、おそらくセウェルス朝期以来、二種類の義務的な公共奉仕にも縛られていた。すなわち、財政上の負担と無料の現物奉仕である。東方の二人の法律学者（ヘルモゲニアヌスとアルカディウス・カリシウス）の著作のおかげで、ディオクレティアヌス時代の義務的な負担の印象的なリストを目にすることができる。[1]

（1）『学説彙纂』第五〇巻第四章第一八節、同第五〇巻第四章第一節、同第五〇巻第五章第一一節などが該当する。『学説彙纂』は、ユスティニアヌス帝によって編纂が命じられた『市民法大全』の一部をなすもので、それまでの法学者の主張の要約がおさめられている〔訳註〕。

1　都市参事会員の財政負担

都市参事会員は、公共浴場の燃料、記念建造物の維持、祭典の組織などのために支払をせねばならないほか、市民を食べさせるためにさまざまな農産物を供給せねばならなかった。実際には、地域ごとの特殊な租税の支払にも彼らは縛られていたのである。

2　都市参事会員の無料の現物奉仕

あまりよくわかっていないものの、諸都市のうち、少なくともとくに重要なものは、常勤のスタッフ、つまり給与を支払って雇用された都市役人や公共奴隷を持っており、彼らが行政運営の継続性や執行業務を支えていた。たとえば、トリポリタニアのレプキス・マグナでは、フィリップスなる人物が「多くの職務に疲れ果てて[1]」二十七歳で亡くなった。これはそんなに驚くべきことではない。というのも、彼は書記であると同時に、速記者、計算係、会計係でもあったからである。それにもかかわらず、国家が都市当局に行政の負担の多くを委ねたぶんだけ、都市参事会員は相異なる多様な任務を無償で引き受けさせられることになった。例を引いてみよう。

（1）『ローマ期トリポリタニア碑文集』六五七番。巻末引用文献【23】を参照。

――帝国当局によって課された負担。土地税および人頭税の徴収、滞納税の取り立て、新兵の徴募、軍隊への供給、公共便の責務など。

――都市行政に関わる負担。警察、第一審の裁判、公共建築物・道路・橋・水道の維持および監査、市場の監督および供給と価格の規制など。

国内の平和が回復し、皇帝権が復興したあとには、都市機構は非常に活発で正常に機能することを証明した。せいぜい、総督による都市行政のコントロールがおそらく幾分か口うるさくなったくらいである。というのも、属州の領域がより小さくなり、帝国の役人の数がかなり増加し、よりよく組織化されたからである。しかしながら、都市生活への総督の介入が紀元後一世紀初頭から、とりわけアナトリアでは、すでに頻繁だったことを忘れるべきではない(1)。

（1）巻末引用文献【24】、一五一～一八二頁を参照。

Ⅳ「参事会からの逃亡」

繁栄が戻ってくると、貧民が多いなかでの富裕層として、都市参事会員はかつてないほどの経済力を手にした。ますます階層化の進む世界のなかで、彼らは同胞市民と総督のあいだで自然と必然的に仲介者の役割を果たすことになり、地元での地位を著しく高めた。その信望の結果として、彼らがあらゆる都市生活をコントロールしていたぶん、ますますそのずば抜けた権威《ディグニタス》、社会的な卓越性が同胞市民から認められることになった。新たに選ばれるには多くの時間と金がかかったにもかかわらず、都市参事会に入ることはしばしば社会的上昇と見なされていた。

さらに、国家も都市参事会員の特別な地位を公に認めていた。その使用が四世紀初頭には一般化していた拷問や鞭打ち刑からの免除など、彼らは一定の特権を享受していたからである。たとえば、ビュザケナ属州のアプトゥグニという小都市では、三一四年か三一五年に偽造者であるとして告発されたインゲンティウスという書記が、プロコンスラリス属州のジクァという都市の参事会員であることを法廷で主張し、拷問を免れている。[1]

(1) 巻末引用文献【25】、一九七～二〇四頁を参照。

しかし、アントニヌス朝やセウェルス朝以来、参事会からの逃亡を妨げようとする皇帝の立法は非常に多い。その現象の真実性を否定することはないが、これらの法は、まさに当時の現実だった悪弊を暴き矯正することを狙っていたものであり、都市生活の情景一般を描こうとしていたわけではない、ということを忘れてはならない。それらは地方のエリート全体の破滅に言及したものではなく、一定数の名望家が都市での経歴を歩むことに嫌気がさしていたことを示すものである。とくに富裕な者は、元老院に入ることで都市参事会から逃亡しようとしていた。その威信はとくに高く、この社会的上昇を果たすのには、とりわけ袖の下が必要になるために、非常に高くついた。騎士身分やペルフェクティッシムス級――これも都市での免除特権を与えるものだった――への加入を目指す人びともいた。他方、上位の二つの身分への加入を望むほどに裕福ではない人びとは、官僚は都市の負担を免除されていたので、帝国政府の役人になろうと試みた。また、さらには、船主、公の医師や教師になることを選んだ者もいた。というのも、これらの職業はその免除特権を保っていたからである。しかし、これ以降、都市参事会員が軍隊に入るのは禁じられた。しかしながら、退役兵は都市の負担からの伝統的な免除特権を守った。

都市参事会からの逃亡という現象の存在を否定することはできないにせよ、少なくとも繁栄している属州では自由な恩恵施与行為が存続していたという事実が示すように、それは破滅的なものではなかったように思われる。都市エリートたちは重い税の徴収に耐えてはいたが、社会のあらゆる階層がその例に当てはまった。都市行政は、国家がうまく運営されるために不可欠なものだった。エリート層の自発性のみに頼ったまま、都市行政は大半の地域で実際の変化を蒙ることなく存在しつづけたのである。

国家の支援と平和の回復は、大半の都市がふたたび繁栄を取り戻すことを可能にした。ことに、新たに属州や管区の首都となった所がその例にあたり、帝国行政の新たな拠点となったり拡充されたりしたことによって、公私にわたって数多くの建設事業が始まったのである。たとえばトリーアでは、三〇六年から三一〇年にかけて、コンスタンティヌスが競技場、バシリカの付属したフォルム、大規模な皇帝用の宮殿を建設させた。「これらすべてが、まさに、あなた〔＝コンスタンティヌス〕がおられるが故の恩恵なのです」と、三一〇年の七月の終わりに氏名不詳の頌詞作家はコンスタンティヌスに向って語っている（『ラテン頌詞集』七番二二章五節）。経済的繁栄を取り戻したこれらの地域（ガリア、北アフリカ、オリエントなど）では、四帝統治は都市世界にとって繁栄した時代となった。帝国財政の重みは増しつつあったが、都市機構を過度に混乱させることはなかったのである。

第六章　ディオクレティアヌスと税制・貨幣・財政改革

ディオクレティアヌスのイメージは、こんにちでもなお、法外な課税の押しつけと結び付けられることがしばしばである。ラクタンティウス（七章三節）は「〔租税から給与を〕受け取る人数が納税者の数よりも大きくなりはじめ、莫大な課税によって農民の力が疲弊させられた結果、田畑は放棄され、耕地は森林に戻ってしまった」とまで主張している。逆境の時代の悲壮な思いを直截に示したものである。アウレリウス・ウィクトル（三九章三一〜三二節）のほうは、四帝統治の創設者に関してはもっと控えめである。「課税のために新しい法が定められた。それは当時は充分に耐えられるものだったが、我々の時代には破滅的なものとなってしまった」。たとえ国家がより大きな財政負担を実際に求めたのだとしても、また、納税者や行政の中間を担う都市参事会員層に対してより厳密なコントロールがなされていたのだとしても、史料の批判的な研究からは、正しいのはラクタンティウスではなくアウレリウス・ウィクトルだったことが確認できる。同時に、ディオクレティアヌスは、帝国規模での貨幣供給に不可欠だった根本的な貨幣の改革に取り組み、また権威主義的な手法でインフレーションを制限することも試みた。

I　ディオクレティアヌス治下の税制

三世紀の「危機」のあと、税制の秩序を回復させることが必要になった。現代まで伝わっている史料（パピルス、碑文、土地台帳の断片など）は、おそらく二八七年——管区創設のずっと前——から、軍隊がらみの新たな需要、行政機構の強化、人口および土地の調査作業に対応するために、ディオクレティアヌスが重要な税制改革を行なったことを示している。しかし、それらの史料は、制度それ自体（租税の定義、課税基礎、分担方法など）を精確に把握することを我々にほとんど許してくれない。というのも、使われている言葉の定義をなんら与えてくれないからである。数多くの研究にもかかわらず不確実な部分がなおも残っているが、四帝統治の税制が現物での支払いだけではなかったことは確実である。超過分を転売したことはなく、必要量を大幅に超えた膨大な量の食糧をどうすればよいのか、国家にはわからなかったはずだからである。ディオクレティアヌスは過去の税制を一掃したりはしなかった。

1　軍用食糧

ディオクレティアヌスはこの租税を維持した。これはセプティミウス・セウェルスによって創設されたもので、それ以降国家によって無償で養われることになった兵士の生計を保障するためのものだった。この徴収には近衛長官が責任をもち、土地から収益を得るあらゆる人びとが現物、あるいは現金で支払った。

2　人頭税、あるいはカピタティオ

ディオクレティアヌスはカピタティオを新たに開始した。それは、帝国全土で単一の税率によって住民一人ずつから分担して徴収されるような租税ではなく、土地と人、双方を同時に基礎として配分された租税だった。統治のヒエラルキーの各階層の（都市も含めた）さまざまな集団のあいだで、租税の性格やその年度の作柄に応じて変更しながら課税総額を分けていくのがその原則だった。関連する割り当て分《カピタ》の数に応じて徴収すべき総額が分けられた。成人だけが計算に入れられ、女性は男性の半分で計算された。当初、財産や人におおむね近似した見積もりに基づいて、この分担は実施された。ついで、より公正な基礎に税制を依拠させることを意図して、ディオクレティアヌスは（二九八／二九九年から）住民の調査をさせて土地財産を台帳に記入させたが、このことはラクタンティウスの怒りを招いた。「畑は区画ごとに計測され、ブドウの木や他の樹木も数え上げられ、あらゆる種類の動物も登録され、人びとの頭数《あたまかず》も記録された……」（二三章二節）。これら二つの作業はこの制度を改善し、おそらく税務の光景を激変させることも可能にしたのである。

五年ごとに（二九一／二九二年、二九六／二九七年、三〇一／三〇二年、三〇六／三〇七年、三一一／三一二年）、国家は帝国の全住民の人口調査を実施した。[1] 家長の個々の申告に基づいたもので、調査官によって確認が行なわれた。[2] しかし、土地台帳の原簿の改訂はあまりにも重すぎる作業だったので、頻繁にできなかったことは明らかである。もし、兵士の場合のように、家長がなんらかの免除を享受していたならば、国家の利益となるべきその不足分は共同体の他のメンバーのあいだで分担された。この制度では、個人が不測の事態によって税を支払えなくなっても国家はその収入を保証されたが、この制度は充分に公平なものだったように思える。というのも、最近のブルゴーニュ地方にいたハエドゥイ族は、その大きさに対応してエジプト人とおおよそ同率の課税をなされていたらしいからである。J＝M・カリエにかかると、全帝国規模での課税分担の総合的な一覧表があったと考えることさえできるかもしれない、ということになる。

（1）ヨハンネス・リュドス『官職について』、一巻四章（ヨハンネス・リュドスは、小アジア出身でユスティニアヌス帝治世にコンスタンティノポリスで活躍した官吏）。
（2）巻末引用文献【26】を参照。

3 新兵徴募の課税

より多くの兵士を徴募するという問題に直面して、ディオクレティアヌスは新兵徴募の代わりに土地や不動産といった財産へ重い課税をかけることを思いついた（二九三年の『ユスティニアヌス法典』第一〇巻第四二章第八法文）。新兵の徴募に対応する税単位がカピトゥルムだった。カピトゥルムは、一定数の租税分担の単位から構成され（『テオドシウス法典』第一一巻第一六章第四法文）、単一の大所領であることもあれば、多くの中小の地所を強制的にまとめたもののこともあった。当局によって選ばれたカピトゥラリィという土地所有者もおり、彼らはその財産に基づいて兵士の提供に責任を負った（『ユスティニアヌス法典』第四巻第四九章第九法文）。その土地がカピトゥルムを構成するのに充分な広さを持っていたならば、彼らは個人でこの義務を果たした。そうでない場合には、新兵提供に連帯して責任を負う土地所有者の集団の長となった。オクシュリンコスのあるパピルス（四五巻三二六一番）からは、三二四年に、都市の職能集団が軍務に相応しい新兵を当局に提供しなければならなかったことがわかっている。ディオクレティアヌス以来、都市部の居住者が新兵徴募に参加せねばならなくなった、というのはおおいにありそうなことである。

カピトゥラリウス〔前述したカピトゥラリィの単数形〕は、カピトゥルムにあたる地所で暮らしている農民を（装備を持たせて）軍隊に送り込むか、その代りに傭兵――蛮族であることもしばしばで、商人から購入した――を送るか、あるいは相応の金額――金納新兵税《アウルム・ティロニクム》――を支払うか、という選択肢を持っていた。実際、新兵提供よりも、むしろ代わりの租税支払いを国家は急速に求めるようになったものと思われる。というのも、土地所有者は最も推薦に値しないような人間を厄介払いするという傾向をすぐさま示すようになり、いつかは軍隊の質を損なうことになるリスクをはらんでいたからである。したがって、この新兵徴募課税は、徴兵の重荷を理論的にはよりよく分担し、帝国内部で兵士の徴募を容易にするはずだったものが、税をさらに重くして、富裕層、とりわけ土地所有者による恣意的な権力を強化してしまうという不都合をきたすことになった。

4　土地税

この税はあらゆる土地所有者によって、とりわけ現金で支払われた（『ラテン頌詞集』第八番）。その基礎単位ユグムは一〇〇ユゲラ、つまり二五ヘクタールであり、帝国全土で適用されたらしい。この会計単位は地方ごとのおもな面積の単位と容易に変換できるものだった。土地所有者の大多数がこの限界値を大幅に下回るところに位置していたから、新兵徴募の課税のためにすでに用いられていたカピトゥルムが納税者の再編成を可能にした。さまざまな土地や栽培のタイプのあいだでの収益性の差異は、課税基礎のレベルではなく、税率のレベルで反映されることになった。

いくつかの地域（ガリア、小アジア、エーゲ海の島々など）では、土地のカピタや個人のカピタが加わった結果、独自の課税制度が存在していたことも認めねばならない。

帝政前期より複雑で厳格なものとなり、この税制は国家のあらゆる段階で効率的な行政機構を必要とした。毎年当局によって――まず管区によって、ついで属州によって、さらに都市によって――決定された課税総額の分担に、行政は責任を負わねばならなかったからである。ディオクレティアヌスによってもたらされたあらゆる構造的な変化は、租税徴収の効率性を明らかに改善させ、現金および現物での徴収を行なうことを可能にした。しかし、税制改革は体制のイデオロギーに沿って進んだもので、さらなる公平性と合理性をも目指していた。ラクタンティウス（七章三節）の主張にもかかわらず、エジプトの課税一覧表は、四帝統治の税制がそれに先立つ三世紀間の皇帝たちが求めていたものを根本的に重くするようなものではなかったことを示している。

しかしながら、行政の役割は、租税徴収の枠組みとして役立つ都市のレベルにとどまっていた（『ラテン頌詞集』八番五～一一章）。都市公職者は、都市が支払わねばならない税総額を各集落、自由村落、所領などのあいだで分配することに責任を負っていた。それが、国家にはコントロールできないような係争や悪弊がある程度引き起こされる余地を与えることになったかもしれない。この新しい税制は、帝国の全住民およびその子供たちに居住地や職業を変えることを禁じるという含意もあった。たとえ、これらの決定が、のちのち、農業経営者（やコロヌス）の地位に深刻な結果をもたらしうるものだったとしても、それらの目的が土地所有者の利益を守ることではなく、国家の利益を守ることだったのは確かである。このような欠陥にも関わらず、四帝統治の税制は四世紀の大半の時期を通して重大な変更もなされずに存続していたから、効率的なものだったのだろう。

Ⅱ　貨幣改革

この改革は、帝国に効率的な貨幣制度を与えるためのアウレリアヌスの試みや、イリュリア人皇帝たちの努力の延長線上に位置している。この改革が目指していたのは、貨幣の正当性をふたたび取り戻すこと、そして充分な量の現金を持てるようにすることだった。これらの措置は、軍隊の兵士に支払いをし、流動性不足の影響を受けていた経済生活の発展を可能にするために必要なものだった。というのも、貨幣はずっと以前から交換手段として重要な役割を獲得していたからである。たとえ物々交換が完全には消え去っていなかったとしても、二五〇年から三五〇年にかけてのエジプトのパピルスは、人びとの生活のなかで貨幣の存在感が非常に大きかったことを明確に示している。ディオクレティアヌスの貨幣改革は、深甚で精力的でありながら、その精神においてはきわめて伝統に即したものであり、二段階に分けて実施された。

1　二八六年の改革

ディオクレティアヌスは、まず、その貨幣制度をアウレウスという金貨に基づかせることに決めた。というのも、大量の金を使うことができたし、金は国際関係（通商、条約、蛮族兵の「購入」）に不可欠なものだったからである。二八六年春には、六〇分の一リブラの重さ（六〇枚の硬貨が、約三二七・四五グラムにあたる一リブラからつくられた）、つまり理論上は約五・四五グラムの重さの硬貨を大量に打刻させはじめた。その倍数や分数にあたる大きさの硬貨も発行させた。

2　二九四年の改革

金貨を大量に打刻しても貨幣がらみのあらゆる問題を解決することはできなかった。二九四年の終わり頃には、ディオクレティアヌスはさらに一歩進めて、正真正銘の複本位制（金と銀）を導入することを試みた。それは、帝国全土での貴金属の「徴発」を余儀なくさせるものだった（ラクタンティウス、三一章二～五節）。住民はその豊かさに応じて一定量の貴金属を提供せねばならなかった。たとえばファイユームでは、徴発の割合は小麦にかかる税に基づいており、三〇七年から三〇八年には、一〇〇アルタバの小麦に対して一オンスの金と一二オンスの銀とされていた。(1) その支払いは銅貨で、すなわち、貧相な合金で打刻された小額貨幣で、市場価格に劣る比率で行なわれた。この徴発は隠れた税の一形態でしかなかったのである。

（1）『コロンビア・パピルス』一三八～一四〇番。巻末引用文献【27】参照。

良質の銀貨を使えるようにするために、ディオクレティアヌスは、ネロのデナリウス貨に範をとった新しい貨幣を四人の皇帝の名で全造幣所に打刻させた。それはアルゲンテウス貨という名で知られており、九六分の一リブラという重さだった。三・四一グラムほどの重さで、純銀は八〇パーセントの割合しか含んでいなかった。このアルゲンテウス貨は、アウレウス貨の二〇分の一の価値にあたり、トラヤヌス・デキウス帝（在位：二四九～二五一年）以来デナリウスはもはや打刻されていなかったものの、計算上は五〇デナリウスに相当した。

（少なくとも半分に？）過小評価されてしまい、アウレウス貨とアルゲンテウス貨はほとんど流通しなかった。というのも、資力を持った人びとによって、それらが貯めこまれてしまったからである。それらが通常の市場価値を持つことはなかった。また、アウレリアヌスによってつくられた銀メッキされた銅貨であるアウレリアヌス貨が引き続き成功を収めていたにもかかわらず、兵士や帝国の住民たちの日常生活を容易なものとするために、ディオクレティアヌスは銅貨の改革も行なわせた。ディオクレティアヌスは、すでにかなりの価値を失っていたアウレリアヌス貨を三種類の新しい小額貨幣と取り換えさせたのである。

――ヌンムス貨。この薄く銀に覆われた（五パーセント未満）銅貨は、しばしば誤ってフォリスと呼ばれるが、古代の名も不正確だった。表《おもて》には四帝のうちの一人の月桂冠を戴いた胸像あるいは頭像が、裏にはローマ人の守護霊《ゲニウス》が描かれていた。直径は帝政前期のアスと同じ二三／二四ミリメートルで、重さは三二分の一リブラ、およそ一〇・二三グラムあったが、重さと品位が低下するのに時間はかからなかった。一二・五デナリウスに相当した。いくらか過小評価されたため、ほとんど充分には流通せず、貯めこまれてしまった。

――新アントニニアヌス貨。この銅貨は銀に覆われていたが、もはやほとんど銀を含んではいなかった。表には四帝のうちの一人の冠をかぶった頭像か胸像が描かれていた。一一〇分の一リブラ、およそ二・九七グラムという重さにあたり、計算上は四デナリウスに値した。非常に成功を収めていたらしく、最も利用された貨幣になったらしい。

――新デナリウス貨、あるいは月桂冠を戴いた皇帝像をもつ小額貨幣。この銅貨も銀に覆われていたが、銀はすべて失われた。表には四帝のうちの一人の冠をかぶった頭像か胸像が描かれていた。二五〇分の一リブラ、およそ一・三〇グラムという重さにあたり、二デナリウスに値した。古代に失われたものがきわめて大量に発見されており、流通量は多かったことがわかる。「ローマ民衆の守護霊《ゲニウス》」といいうほぼ単一の銘が示しているように、この新しい貨幣制度を創始するに際して、ディオクレティアヌスは政治的理由から帝国全土にわたる貨幣生産の統一を再び確立しようとした。おそらく、なおも活動を続けていた最後の「都市の」造幣所であるアレクサンドリアの造幣所が二九六年に閉鎖された理由はこれだろう。以後、貨幣の打刻は帝国の造幣所においてのみ行なわれ、帝国貨幣による独占が確立された。

頻繁に改鋳が行なわれたことが示すように地域的な金属不足が生じていたにもかかわらず、通貨の規則的な供給を確実なものとすべく、ディオクレティアヌスは貨幣の打刻量と造幣所数を増加させた。四帝が充分な数の生産拠点を保持できるようにするためである。その数は一四におよび、(イベリア半島を除く)帝国の各地域、とくに管区の首都に分散させられた。すなわち、ロンドン(カラウシウスにより二九七年に開設)、トリーア、リヨン、ティキヌム/パウィア、アクィレイア、ローマ、カルタゴ、シスキア、テッサロニカ、ヘラクレア/ペリント、ニコメディア、キュジコス、アンティオキア、アレクサンドリアである。貨幣管理官の管理下に置かれており、四人の皇帝それぞれの名で打刻された。それにもかかわらず貨幣の打刻はときに不充分なままで、必要な貨幣を充分に発行するために、エジプトのディオニュシアスのもののように——軍の砦のすぐ近くに設置されており、非合法のものではなかったことは明らかである——「半公式」の造幣所でも貨幣が発行された。

3 三〇一年の貨幣価値見直し

これらの措置は適切だったがきわめて高くつき、インフレーションを阻むのには成功しなかった。

二九四年から三〇〇年のあいだに価格上昇は加速さえしたように思われる。この現象は、貨幣が新たに豊富になったこと（貨幣のインフレーション）と市場で一部の商品が不足したこと（価格の上昇）から説明できるかもしれない。しかし、すでにS・ボーリンが提案しているように[1]、この改革の相対的な失敗は、貨幣流通において新アントニニアヌス貨が急速に優位となったことにも原因を求めねばならない。グレシャムの法則が当てはまり、この「悪い」貨幣が、金との関係で明らかに過大評価されて、良い貨幣（アウレウス貨、アルゲンテウス貨、ヌンムス貨）を駆逐した。良貨は貯めこまれ、計算単位であるデナリウスの急速な低下を引き起こしたにちがいない。「良い」貨幣の流通を回復させ、インフレーションを抑制し、おそらく国家に利益をもたらそうとさえ試みて、ディオクレティアヌスは新貨幣のデナリウス換算を変更せざるをえなかった。平価を切り下げねばならなかったのである。カリアのアフロディシアスで発見された三〇一年九月一日の碑文からは（『碑文学年報』一九七三年、五二六番b）、アルゲンテウス貨とヌンムス貨が以前の価値の二倍に評価されたことがわかっている。

（1）巻末引用文献【28】、三三〇頁参照。

この荒っぽい平価切り下げにもかかわらず価格上昇は続き、三か月後、ディオクレティアヌスは有名な最高価格令を出さねばならなくなった。同時にヌンムス貨は二〇デナリウスに引き下げられた。六〇〇〇〇デナリウスに相当した金一リブラあたりの値段は、最高価格令で七二〇〇〇デナリウスに戻されるより前には、三〇〇年二月十六日に一二万デナリウスとなっていたのである[1]。

（1）『パノポリス・パピルス』第二番、二一五〜二二一行目。巻末引用文献【17】参照。

こうしてアウグストゥスの治世以来の平価切り下げの規模を測ることもできる。アウグストゥス治世には金一リブラあたり一〇二五デナリウスだったので、一リブラあたりのデナリウスでの価格は三世紀間で七〇倍以上となった。アフロディシアス碑文からは三〇一年には銀一リブラは四八〇〇デナリウスに相当したことがわかっている。アウグストゥス下ではその価格は八四デナリウスだったから、その価格は五七倍以上に上がったことになる。三世紀間、金銀比価《ラティオ》は全体としてはほぼ安定したままだった。同じ期間中に所得も同じ程度には上昇したように思われる。したがって、おそらく三世紀にもインフレーションは年平均三・六パーセントを越えることはなかったから、人びとの生活水準にインフレーションが与えた被害について、過度に悲観的な見方には含みを持たせる必要がある。しかしながら、価格上昇は規則的なものではなく、急激な圧力で所得に悪影響を与えることもあっただろう。

Ⅲ　財政と経済の改革

1　最高価格令

ディオクレティアヌスは、三〇一年十一月二十日から十二月九日までのあいだに、各種サービスや数百点に及ぶ様々な商品の最高価格と賃金の最大値を定めた勅令を四人の皇帝の名で発布することを決定した。これは、帝国の住民に銅貨の過大評価を受け入れさせ――銅貨のおかげで住民は貴金属の徴発を低いレートで支払うことができていた――、金属としての価値ではなく名目的な価値のレートに基づいて銅貨を利用させるために考案された手段だった。ラクタンティウスも言及しているが(七章六～七節)、この勅令は、アエザノイ、アフロディシアス、イアソス、コリントスなど帝国各地で発見された、多かれ少なかれ断片的な一三〇点ほどのコピーのおかげで再構成することができる。

長大な序文のなかで、皇帝は、物価の高騰を商人たちの「燃えさかる貪欲さ」に帰している。ついで、その状況の最初の被害者が兵士であり、「たった一つの物を売ってもらうことで兵士は恩賜金と俸給とを奪われ」てしまうと述べている。繁栄を回復させるために、ディオクレティアヌスは「我らが統べる全世界で」「万人のために商品価格そのものを定めるのではなく……限界が定められるべきだ」と決定した。「この法の規定に反する努力をする」者は、それに同調する者、隠匿者、買い手〔＝「物資不足を助長する者」〕も同様に、「かかる不敵さは死刑宣告に服すべき」とされたのである。[1]

（1）筆者も述べているように、最高価格令の序文はかなり長大なものである。古山正人／中村純／田村孝／毛利晶／本村凌二／後藤篤子編訳、『西洋古代史料集』、東京大学出版会、一九八七年、一九〇～一九四頁に、一部省略されているものの、邦訳が掲載されている。ここでの引用もおおむね同書での翻訳による〔訳註〕。

給与と値段について、いくつかの例をあげてみよう。農業労働者は食費込みで最高で一日当たり二五デナリウス、石切工は食費込みで一日当たり五〇デナリウス。ワインは一イタリア・セクスタリウス（〇・五四リットル）で八デナリウス、軍用モディウス（一七・五一リットル）で小麦は一〇〇デナリウス、脱穀した米は二〇〇デナリウス。豚肉は一イタリア・リブラ（三二七・四五グラム）で一二デナリウス、牛肉は八デナリウス。「ラバ引きや農民用の釘を使っていない一級品の革靴」は一足で一〇二デナリウス、「一級品の兵士用マント」は四〇〇〇デナリウスだった。ラクタンティウス（七章七節）の〔市場の混乱を招いたという〕断言にも関わらず、この勅令はインフレーションのペースを幾分か鈍らせることには成功したように思われる。それは、とりわけ国家がみずからの取引に際してこの表を尊重させたからだった。しかし、適用されたのはおそらくごくわずかな期間にすぎなかったが、「多くの人びとの破滅を招いた」

（ラクタンティウス、七章七節）という。

J＝M・カリエが記しているように、(1) 平価切り下げは深刻な経済危機の兆候ではなく、国家は受け取った以上のお金を使うことができたから、四帝統治にとっては良い点もあったのである。「実際、この期間中、新規の発行ごとに貨幣の価値を落とした分だけ、帝国財政は毎年の欠損を許容できたと想定しうる。……つまり、この『平価切り下げ』は半世紀にわたって財政圧力の増大を防いだのである」。

（1）巻末引用文献【29】、六三頁参照。

2　経済改革

延々と書かれてきたこととは反対に、ディオクレティアヌスは国家による計画経済を導入したりはしなかったし、国家管理による経済を確立するのを望んだりもしなかった。ローマ市への食糧供給について帝政前期の組織を維持していたことがそれを充分に証明している。首都への食糧供給は、国家の資産や能力と商人・輸送業者・地主の協力を組み合わせた公共奉仕によってつねに保障されていた。権利保持者への食糧配給はローマ市住民の食糧の必要量には足りていなかったので、余剰農産物を供給する自由市場もつねに存在していた。それと同様に、ディオクレティアヌスは、武器工廠も、食糧輸送《アンノーナ》のための公共便――クラウディウス、トラヤヌス、セプティミウス・セウェルスによって段階的に整備されたが、小麦輸送において独占的地位をもつことはなかった――も、国家による織物工場（アクィンクム、ミラノ、ラヴェンナ）――ずっと以前から存在していて、兵士や役人に対する制服支給を保障するのに役立っており、ときには皇帝が人びとに衣服を配給することも可能にした――も、創設しなかった。ディオクレティアヌスは絹の専売を確立したりもしていない。というのも、最高価格令は絹（二三一〜

二四）や絹織物（一九〜二三）の販売に関して、また絹に関わる職業（三二一〜三三三）について、多くの項目を含んでいるからである。塩、明礬、硝石の専売に関しては、ずっと以前から存在していたものである。

他方、ディオクレティアヌスは対外交易を緊密に管理し、関税を最大限徴収するために、商人たちに対し国境地帯に自由に近づくことを禁じた。二九八年にペルシアとのあいだで署名された条約にあるように、ローマ世界とペルシアのあいだには一つのルートしか用意されなかった。帝国に出入りする商品からその価値のおよそ二五パーセントの関税を徴収し、戦略物資（鉄――加工されているのであれ、いないのであれ――、小麦、塩など）の輸出を禁じるために、すべてがそこを通らねばならなかった。しかし、この国際交易の管理はなんらかの保護主義的な目的を持っていたわけではない。

帝国政府は、おそらくその複雑さをなんら理解していない経済生活には介入しないままだった。帝国の法は、国際的な交易のように、国庫と関係のあるものにしか興味がなかったのである。

郵 便 は が き

おそれいりますが切手をおはりください。

101-0052

東京都千代田区神田小川町3-24

白 水 社 行

購読申込書

■ご注文の書籍はご指定の書店にお届けします．なお，直送をご希望の場合は冊数に関係なく送料300円をご負担願います．

書 名	本体価格	部 数

★価格は税抜きです

(ふりがな)

お 名 前 (Tel.)

ご 住 所 (〒)

ご指定書店名（必ずご記入ください）	取次	（この欄は小社で記入いたします）
Tel.		

『Q948　ディオクレティアヌスと四帝統治』について　(50948)

■その他小社出版物についてのご意見・ご感想もお書きください。

■あなたのコメントを広告やホームページ等で紹介してもよろしいですか？

1. はい（お名前は掲載しません。紹介させていただいた方には粗品を進呈します）　2. いいえ

ご住所	〒　電話（　）		
(ふりがな) お名前	（　歳） 1. 男　2. 女		
ご職業または学校名		お求めの書店名	

■この本を何でお知りになりましたか？

1. 新聞広告（朝日・毎日・読売・日経・他〈　〉）

2. 雑誌広告（雑誌名　）

3. 書評（新聞または雑誌名　）　4. 出版ダイジェストを見て

5. 店頭で見て　6. 白水社のホームページを見て　7. その他（　）

■お買い求めの動機は？

1. 著者・翻訳者に関心があるので　2. タイトルに引かれて　3. 帯の文章を読んで

4. 広告を見て　5. 装丁が良かったので　6. その他（　）

■出版案内ご入用の方はご希望のものに印をおつけください。

1. 白水社ブックカタログ　2. 新書カタログ　3. 辞典・語学書カタログ

4. 出版ダイジェスト《白水社の本棚》（新刊案内・隔月刊）

※ご記入いただいた個人情報は、ご希望のあった目録などの送付、また今後の本作りの参考にさせていただく以外の目的で使用することはありません。なお書店を指定して書籍を注文された場合は、お名前・ご住所・お電話番号をご指定書店に連絡させていただきます。

第七章　ディオクレティアヌスとローマ軍の改革

Y・ル・ボエックが書いているように、[1] 帝政前期の軍隊は「貴族からなる幹部層と質の高い新兵徴募、リメスの戦略的な選択」――つまり部隊の国境地帯への配置――「によって特徴づけられていた」。他方、「帝政末期の軍隊は、それとは逆の特色によって定義されうる」。すなわち、兵卒あがりの将校、兵士数の著しい増加と相対的な質の低下、帝国内部への部隊の集中、である。軍隊のこの深甚な変化は、ガリエヌス――騎馬隊を大幅に拡充し、予備的な機動軍を創設した――からコンスタンティヌスの治世にかけて段階的に進んだものだった。帝政後期の軍隊の真の創設者はコンスタンティヌスだったと考えるD・ヴァン・ベルシャンは留保しているものの、[2] ディオクレティアヌスが軍制改革のかなりの部分についてイニシアチブをとった、というのはおおいにありそうなことである。しかしながら、ディオクレティアヌスに帰する部分、コンスタンティヌスに帰する部分、あるいはその息子や後継者に帰する部分までを詳細に決定するのは、現代まで伝わった明白な文書史料がわずかしかないことを鑑みれば、しばしばきわめて難しいものとなる。

（1）巻末引用文献【30】、二七五頁参照。
（2）訳者による参考文献【26】参照〔訳註〕。

三世紀後半のさまざまな出来事ゆえ慎重になっていたので、ディオクレティアヌスは帝国の拡張政策の支持者ではなかったものの、防衛と領土の一体性には大きな関心を寄せていた。伝統的な侵入ルートをよりよくコントロールすることを重視して、防衛施設の建設によってリメスを強化し、軍隊の質を回復させてその組織を変容させようと試みた。

I 辺境地帯(リメス)の強化

ディオクレティアヌスは帝国内の都市を、とくにガリアにおいて、入念に要塞化した。ガリアでは、グルノーブルのほか、おそらくトゥール、ボルドー、ペリグー、ルマンなどの城塞建設を開始し(あるいは完成させ)た。しかし、彼がとくに力を入れたのは、辺境地帯の防衛組織(リメス)を強化・補完することだった。というのも、三世紀におこった数々の侵入は、帝政前期の皇帝たちによって段階的に整備されてきた直線的な防衛システム(ハドリアヌスやアントニヌス・ピウスの長城、軍用道路など)が、機動性を増した新たな侵入者に対しては、もはや充分には機能していないことを示していたからである。アウレリアヌスやプロブスが、とりわけラエティアで辺境の強化のための重要な仕事を始めていたが、四帝統治の皇帝たちによって拡充されることになった。

近年では、ディオクレティアヌスの真の意図について研究者たちの意見は一致していない。E・N・ラットワクによれば[1]、ディオクレティアヌスは全般的な政策を発展させ、あらゆる前線に同じ戦略原理、同じ設計、同じ建設様式を適用した、とされる。このアメリカ人学者の著書が刊行されて以来、多くの書き手が「縦深防御」という概念に異議を唱え、ディオクレティアヌスはほとんど戦略的な変化をもたらさなかった、と考えた。[2]

（1）巻末引用文献【31】参照。
（2）巻末引用文献【32】、【33】などを参照。

それはともかく、用いられた技術的な解決策はさまざまだったにせよ、ディオクレティアヌスは西方ではライン川上流のリメスの直線的な陸上防衛をコンスタンス湖からバーゼルまで強化し、イラー川やドナウ川流域の諸要塞を黒海に至るまで強化した。同じくアルプス山脈の東部でも、要塞や砦、塔で強化された壁からなるユリア・アルプス防衛網というシステムによって峠越えのルートが防衛された。彼は要塞、砦、道路からなるシステムで新たな防衛体系をも構築したのだった。北アフリカのオーレス山系のサハラ側や［三〇三年のアクア・ウィウァ要塞の建設（『碑文学年報』一九四二／一九四三年、八一番）］、アラビア［カスル・ブシルの砦（『ラテン碑文集成』第三巻一四一四九番）］、ナイル川上流でも、ライン川やドナウ川の流域のように（『ラテン頌詞集』五番一八章四節）、同じタイプの要塞を目にすることができる。ライン川やドナウ川の流域では、ディオクレティアヌスは、川の両岸に、通常、恒久的な橋で繋がった要塞群を建設することによって治安を改善した。ライン川流域ではドイツとケルン、ドナウ川流域ではコントラアクインクムとアクインクム（ブダペスト）といった例がある。このようなコンセプトの一致は、しっかりと決定された政治的意思を示している。さらに、ゾシモスはこう書いていた（二巻三四章一節）。「ディオクレティアヌスの先見の明により、ローマ人の領域は至るところ隅々まで……、諸都市によって、また砦や塔によっても、しっかりと守られていた。それらすべては兵士が運営を担っていた。あちこちに軍が配されて侵入者を撃退でき、蛮族にそれらを越えるすべはなかったのである。」（二九七年の『ラテン頌詞集』第四番と、アンミアヌス・マルケリヌス、二三巻五章一～二節も参照）。

東方では、ダマスクスとパルミラやユーフラテス川を結ぶ大軍用道路が、もともとシリア砂漠によってペルシアやアラビアの遊牧民の攻撃から部分的には守られていた。しかし、二九八年にガレリウスがペルシア人に勝利して以来、ディオクレティアヌスはより完璧な軍用道路ネットワークを作り上げることで防衛システムを強化しようとした。マイル標石からわかるように、それらの道路は一連の小規模な要塞を結んでいた。とはいえ、これらの道路はこの地域の防衛に役立つのみならず、アラビア（現在のヨルダンにあたる地域）とユーフラテスを結ぶことも可能にした。略述家ヨハンネス・マララスの証言によれば、「このディオクレティアヌスは、エジプトからペルシアとの境界に至るまでのリメスに砦を築き、そこに辺境防衛兵《リミタネイ》という兵士を配した」（『年代記』一二巻四〇九）という。これらの要塞は四帝統治の時期だけに年代同定できるわけではないが、場所はしっかりと同定されている。砂漠の縁の丘の上に配置され、最前線の要塞は地形に見事に対応したものだった。リメスの後方では、ダマスクス、アンティオキア、エデッサ、カッパドキアのカエサレアなどの都市が集結地として、あるいは駐屯地として役に立った。パルミラやボストラも、東方交易の橋頭堡という父祖伝来の役割はほとんど失ってしまったものの、この例に当てはまった。

Ⅱ　軍隊の再編成

ディオクレティアヌスは「軍隊の数を増やしたが、それは帝国を単独で率いていた先帝たちが持っていた以上に数多くの兵士を、〔四人の〕皇帝各々が持とうとしたからだった」。ラクタンティウス（七章二節）はこう書くのを躊躇っていない。迫害帝に難癖をつけようとして、この小冊子でまたも大げさに書きたてているわけである。とはいえ、ディオクレティアヌスが兵士の数を増やしたのは明らかである。数多くの前線防衛施設を良好な状態に保つ必要があったため、三世紀初頭で三〇万人をかろうじて超える程度だった兵士の数を、ディオクレティアヌスは増加させた（ゾシモス、二巻三四章一節）。四帝統治のある時期について、ヨハンネス・リュドス（『月暦譜』、一巻二七章）が示した非常に詳細な数字は、考慮に値するように思われる（陸軍の兵士が三八万九七〇四人、海軍の兵士が四万五五六二人）。というのも、このユスティニアヌス治世（在位：五二七〜五六五年）の宮廷官吏は公式の行政文書にアクセスする機会に恵まれていたからである。兵士の総数は四三万五二六六人に達するが、その増加率はおおよそ四五パーセントということになる。四帝統治の各皇帝は、その領域内に駐屯する軍隊をその地で課された租税のあがりで維持し、糧秣と装具を兵士たちに行き渡らせるよう配慮せねばならなかった。以後、兵士たちは、帝政前期のように金を支払って徴発し、必要な物資をみずから手に入れる代わりに、それらを直接受け取った。

軍団がローマの軍事力の多くを形作っていたことに変わりはない。ディオクレティアヌスは、すでに軍団の駐屯地があった属州のほぼすべてに二個軍団を配置したが、現実主義がつねに優位に立っていた。行政区画の数が増加したので、軍団数は三九から少なくとも六〇になった。しかし、五〇〇〇（あるいは六〇〇〇）という伝統的な定数を保った軍団はごくわずかだった。古くからの軍団とディオクレティアヌスによって創設された二個軍団――第二ヘルクリア軍団と第一ヨウィア軍団（『官職要覧』東方、三九章二九～三四節）――は〔定数五〇〇〇～六〇〇〇を保ったという〕その例に当てはまる。新しい陣営の面積が示しているように（パルミラの第一イリュリア軍団のものは八ヘクタール）、他の大半の軍団の定数はおそらく一〇〇〇人に削減された。人手不足と扱いやすさがその理由である。

　諸軍団は、歩兵隊や騎兵隊からなる伝統的な補助部隊のほか、別途新たに創設された独立した騎兵部隊によって支援されていた。この騎兵大隊《ウエクシツラテイオネス》（『ユスティニアヌス法典』第一〇巻第五五章第三法文）は、ガリエヌスによって創設された大規模な騎兵軍が最終的に変化したものだろう。二つの騎兵大隊はヒエラルキーの上では軍団と同じ地位にあり、辺境の各属州に駐屯した。その同じ属州には、帝国内に定住し独自の指揮権のもとにある同盟部族（たとえば、ライン河口近くのフランク族）や、二種類の補充兵、ヌメリとゲンティレスも駐留していた。ヌメリは帝政前期にはすでに存在していたが、民族的な特徴と独自の組織（武装や戦い方）を保っていた。ゲンティレスも同様で、敗北後、皇帝との合意に従って帝国内に定住した部族民のなかから徴兵された。兵士としては同質であり、歩兵のほか、その多くは騎兵となった。

　ゾシモス（二巻三四章一節）が書いたように、辺境の防衛はディオクレティアヌスの戦略の根幹をなし、リメスに配置された兵士が、他の戦争に動員された軍隊の中核をも提供していた。ディオクレティアヌスはガリエヌスによって組織された帝国内部の軍にも意を用いていた。というのも、二九七年のマクシミアヌスの遠征のときにマウレタニア・ティンギタナで死んだ兵士の墓碑に、皇帝直属の機動軍《コミタトウス》が現われるからである。[1] コミテス——あるいはすでに野戦機動軍《コミタテンセス》だったかもしれない——という単語は、三一一年のラエティアの碑文で、すなわちコンスタンティヌスがこの属州を支配下に収めるよりも前に、初めて言及される（『ラテン碑文選集』六六四番）。もっとあとになると、ユリアヌス（『弁論』一番五章）は、機動軍の組織者としてマクシミアヌスとコンスタンティウス・クロルスに言及している。

（1）『モロッコ古代碑文集』第二巻、三四番。巻末引用文献【34】参照。

おそらく二九五年よりも前に（『オクシュリンコス・パピルス』四三番表面、第二コラム、一七、二四、二七行目）、ディオクレティアヌスは同僚たちのもとに戦略的というよりも戦術的な予備兵力を配置した。このことにほとんど疑問の余地はない。あらゆる簒奪の試みを防ぐために、四人の皇帝は居住する都市に駐屯している部隊への直接指揮権を持っていた。軍団の最精鋭の歩兵やローマ市の基地から派遣された近衛兵、および騎兵大隊によって構成され、この部隊は元首の単なる随行者にとどまらない数を持っていた。少なくとも機動軍の萌芽をなすものだった。非常に活動的で、情勢に応じてさまざまな軍事行動を果たすために、とりわけ四帝統治の遠征で各戦線を強化するために、召集されていた。この機動軍《コミタトゥス》のメンバーで下士官となった兵士アウレリウス・ガイウスは、ドナウ戦線でサルマティア人と四度、ライン戦線でゲルマン人と二度、北アフリカでマウリ人と、メソポタミアでペルシア人と、そしてエジプトでも戦ったという（『碑文学年報』一九八一年、七七七番）。

ディオクレティアヌスは海軍の再編にもおおいに尽力した。地中海では、ミセヌムとラヴェンナのイタリアの大艦隊が強化された。地中海東部では、別の艦隊が創設、あるいは再建された。というのも、三二四年のコンスタンティヌスとリキニウスの戦いに際して、ゾシモス（二巻二一～二三章）は「三段櫂船」の艦隊に言及しているが、それらは、エジプト、フェニキア、小アジアのイオニアとドーリア、キプロス、カリア、ビテュニア、そしてアフリカから来たものだったからである。これらの艦隊の一部は四帝統治で創設されたものだっただろう。ディオクレティアヌスは湖（コモ湖やコンスタンス湖）や大河でも小艦隊を編成させている。ドナウ川には、旧来のパンノニア艦隊と並んで、ヒストリア艦隊という大艦隊を設置した。ローヌ川、ソーヌ川（『ラテン頌詞集』七番一八～二〇章）、ライン川（『ラテン頌詞集』七番六章六節）では、別の小艦隊が監視を行なっていた。

軍隊をしっかり装備させておくために、ディオクレティアヌスは三五の兵器工廠を創設した。東方の多くの都市で確認されている。そこでは、軍人の地位を持つ労働者が働いていた。これは単に新たに創設されたものではなく、帝政前期の軍団の工房を再編したもので、各軍団はそれぞれが自給自足できるよう保障する国家役人を持っていた。軍団の定数が減らされたのにあわせ、システムの手直しが必要だったのである。

Ⅲ　徴兵の新たな方法

二九九年か三〇一年、つまりキリスト教徒大迫害の前に、キリスト教徒はその教えを捨てるか、軍隊を辞めるか、そのいずれかを強制されたので（ラクタンティウス、一〇章四節）、定数の増加は新兵徴募という問題をさらに悪化させた。伝統的な徴募方法（志願兵、周縁の諸部族や蛮族からの徴募、脱走の防止）では、毎年退役や死亡によって減少する人数を補うために必要な三万～四万人を満たすには及ばなかったため、ディオクレティアヌスは徴兵の方法を改めた。

まず、兵士のほか、プロブス治世（在位：二七六〜二八二年）以来土地を受領し一種の「在地民兵隊」を構成していた国境地帯の退役兵は、息子を軍隊に入れねばならないことを確認した。この強制措置が厳密に実施されたことで、北アフリカでは何人かの殉教者を生んだ。というのも、退役兵の息子のなかには、この書面を前にして「良心的兵役拒否者」として軍籍に入れられるのを拒んだ者もいたからである。たとえば、プロコンスラリス属州のテヴェステでは、二九五年にマクシミリアヌスという青年が兵役を拒否して有罪とされ、処刑された(1)。また、ディオクレティアヌスは、新兵徴募課税という間接的な方法で、農村地帯や都市部の住民たちに新兵徴募を拡大したが、軍隊内で蛮族の立場を強め、軍隊を民衆からよりいっそう遊離させるという不都合も抱えていた。

（1）「マクシミリアヌス行伝」、『殉教者行伝』（土岐正策／土岐健治訳）、教文館、一九九〇年、所収〔訳註〕。

Ⅳ 司令部

ガリエヌスの諸改革以来、軍団、歩兵大隊、補助部隊は騎兵長官によって指揮されていたが、一〇〇〇人の軍団の長は将校《トリブヌス》だったかもしれない。騎兵大隊は隊長《プラエポシトゥス》の権威下に置かれていた（二九五年の『オクシュリンコス・パピルス』一巻八九番）。隊長は騎士で、ときに兵卒出身のこともあった。同盟部族やゲンティレス、ヌメリは伝統的なその長によって指揮されたままだった。総督が文官としての職務しか果たさないような国境地帯の諸属州では、全軍（およそ四〇〇〇人）と砦の監督がドゥクスという軍人の単独の指揮下にあった。ドゥクスは複数の軍団からなる軍隊を指揮し、社会の下層出身の職業軍人であることが非常に多かった。総督からは独立しており、近衛長官に属していた。ヨハンネス・マララスによれば（『年代記』一二巻四〇九）、その創設はディオクレティアヌスまで遡り、彼は「各属州に、監視のため、砦の下で数多くの部隊とともにドゥクスを配置した」という。碑文上、ドゥクスが最初に確認されるのは三〇六～三〇八年という時期にあたり(1)、またおそらく二九三～三〇五年のものと思われる碑文(2)もそうなので、おおいにありそうなことである。ヌミディアのように一部の地域では、文武の権限は分離されなかった。軍の指揮官はリメスの地域ごとの隊長であり、属州総督やアフリカ管区代官に属していた(3)。

（1）『碑文学年報』一九三四年、七番および八番、三〇八年。
（2）『ラテン碑文選集』四一〇三番や『シリアのギリシア・ラテン碑文集』第一三巻、九〇六二番など。本碑文集については、巻末引用文献【35】参照。後者については、巻末引用文献【36】による再読。
（3）三〇三年の『碑文学年報』一九四二／一九四三年、八一番。

V　軍人の生活とキャリア

兵士は少なくとも二四年間勤務せねばならなかったが、その待遇はわずかながら改善されたように思われる。その基礎報酬はデナリウスで計算された（歩兵大隊の兵士は一人当たり年間三七五デナリウス、騎兵や軍団兵は一人当たり六〇〇、軍団の隊長（プラエポシトゥス）は一人当たり五四〇〇）。報酬は変化しなかったが、インフレーション分(1)と毎日必要な食糧を補うために、原則として現物支給される食糧《アンノーナ》も受け取っていた。また、皇帝の即位記念日、戦闘の前後、あるいは除隊時などには、銀や金で伝統的な下賜金も受け取っていた。軍人の免除特権を規定した三一一年六月十日の皇帝書簡が刻まれたブリゲティオ銘板（『碑文学年報』一九三七年、二三二番）が示しているように、兵士や退役兵は人頭税の一部が免除されており、土地税は課されたままだったにせよ、軍隊の種類、勤続期間、除隊条件に応じて、自身や家族に関するさまざまな特権を享受していた。

（1）『パノポリス・パピルス』第二番、三六～四二行目、二九九年。巻末参考文献【17】参照。

兵卒あがりの兵士が下士官や士官にまで出世できた事例も頻繁に見られたが、そのためのキャリアは非常に長くかかった。たとえば、フラウィウス・アビンナエウスはほぼ四〇年にもわたって軍務にあった。彼は第一次四帝統治の末期に軍隊入り、つまり三〇四～三〇五年頃に上エジプトのディオスポリスに駐屯するパルティア弓騎兵補助部隊に入った。三三三年に及ぶ軍務のあと、彼はプロテクトルとして二〇万セステルティウス《ドゥケナリウス》級の地位に達した。[1] 皇帝をそば近くで護衛する二〇〇人の騎兵部隊の長である。さまざまな任務を任されたあと、彼は最終的にコンスタンティウス二世からファイユームに駐屯する騎兵部隊の長官職を獲得し、その地の三四二年と三四四年のパピルス上で言及されている。[2]

（1）プロテクトルという称号の登場は三世紀半ばに遡るが、それが示すものは時とともに変化した。ディオクレティアヌス帝の治世には、宮廷に属する小部隊だったとも言われるが、議論は分かれる。また、二〇万セステルティウス級とは騎士身分の公職の地位を示す称号のひとつで、給与として二〇万セステルティウスを支給されたことを示す〔訳註〕。

（2）『アビンナエウス・アーカイブ』、第一番パピルス。巻末引用文献【37】参照。

陸軍も海軍も皇帝権によってしっかりと立て直され、コンスタンティヌス期の大変動[1]を予感させるいくつかの変容を経験した。西方では、ディオクレティアヌスは、ダキアとデクマテス地区を除いて帝政前期の国境を取り戻した。東方では、ペルシアに勝利してローマ支配を拡大したのである。

（1）ダキアは現在のルーマニア内陸部にあたる。トラヤヌス帝によって征服され、属州化されたが、アウレリアヌス帝によって放棄された。デクマテス地区はライン川上流部とドナウ川上流部を結ぶ形で帝政前期に建設されたリメスの内側で、両河川とリメスに囲まれた地域を示す。蛮族の侵入激化で三世紀半ばに放棄された〔訳註〕。

第八章　ディオクレティアヌスと宗教

三世紀半ば以来、帝国の住民たちは碑文を刻むという習慣を少しずつ失っていった。宗教に関する碑文史料の数は急激に減少した。しかし、ディオクレティアヌスは、ヨウィウスという非常に象徴的な名前を採用し、国制改革のかなりの部分を自身の帰依する伝統宗教に依拠させるべきだと判断したのだから、碑文の刻み手が沈黙してしまったにせよ、社会のあらゆる階層で異教は依然として活力を保っていたのである。しかしながら、信仰のありようは幾分か変容を蒙っていた。というのも、租税負担が非常に重かったために、大半の信徒にとって、伝統（供犠、見世物など）は費用のかかりすぎるものとなっていたからである。同時に、権力イデオロギーの新たなコンセプトは、その頂点に皇帝礼拝を擁しており、少なくとも北アフリカや小アジアでは、三世紀末には非常に拡大していたキリスト教とのあいだで暴力的な対立を招くことになった。

I　伝統宗教

帝政前期全体を通して、異教は全ローマ世界のさまざまな構成要素を統合するのに成功していた。考古資料や碑文史料が格段に多いローマ期の北アフリカに関するCl・ルプレの著作(1)は、同じパンテオン、同じ儀式、同じ祭司職《サケルドス》が三世紀末にも、そして少なくとも四世紀前半にも、保たれていたことを示している。

（1）巻末引用文献【38】。

1　地域固有の信仰

帝国は段階的にローマ化されていったにもかかわらず、地域固有の信仰は最初の三世紀間をとおして民衆の宗教的情熱の大半を集めつづけた。たとえば、M・ル・グレイの著作は(1)、ポエニ系の神バアル＝アンモンがサトゥルヌスというローマ風の名のもとに崇拝され、北アフリカの下層民にとって重大な神格でありつづけたことを示している。天の、肥沃な大地の、そして死後の世界の主人であり、最高にして普遍なる神だったのである。サトゥルヌス信仰は、住民の宗教的な信仰心に深く根付いていたため、キリスト教の興隆に直面して四世紀には確実に衰退を経験するものの、ユスティニヌス帝が北アフリカを再征服した六世紀にもしっかりと存続していた。

（1）巻末引用文献【39】。

ガリアでは、地母神系の女神たちや、ボルヴォ、マルス、メルクリウスのほか、数えきれないほどの地元の神々（リメトゥス、マントゥノスなど）が、多かれ少なかれローマ化されながらも、人びとの絶大な人気を集め、四帝統治のあいだもキリスト教と競いあうことにはならなかった。キリスト教の聖人たちの暮らしや宣教者たちの攻撃は、これらの非常に人気のあった神々が四世紀をとおして生命力をおおいに保っていたことを示している。奉納された貨幣が数多く発見されていることは、ガリアの伝統的な聖域を人びとが頻繁に訪れていたことを確証するものである（サヴォワのシャトーヌフ、上サヴォワのヴィウ＝ファヴェルジュ、ヴィエンヌ市内、ヴァレのマルティグニィ、アルペス・グライアエ・ポエニナエ属州内）。

2　公的なローマの信仰

公的な宗教は、ローマ市では依然として非常に広範に実践されていた。そこでは、ディオクレティアヌスによって「古来の信仰は大変な敬虔さをもって配慮された」（アウレリウス・ウィクトル、三九章四五節）のである。とりわけ、四帝統治の創始者にして保護者たるユピテルやヘルクレスの信仰がそうだった。大半の属州で同じようになされることになっていたが、とくに北アフリカについては情報が知られている。北アフリカでは、宗教建造物の修復や建設が非常に重視された。たとえば、二九〇年から二九三年までのあいだにアフリカ属州総督とヌミディア担当総督代理によってなされたマダウロス（プロコンスラリス属州）のヘルクレス神殿の修復や、[1]三〇三年から三〇五年までのあいだに属州総督によってなされたティムガド（ヌミディア属州）のメルクリウス神殿の修復が知られている。[2]ヌミディア属州のティビリス（アンヌナ）や（『ラテン碑文集成』第八巻一八九〇一番）、ビュザケナ属州のセゲルメスでのカピトリウムの三神（ユピテル、ユノ、ミネルウァ）に捧げられたカピトリウムの建設事業は（『ラテン碑文集成』第八巻二三〇六二番）、これらの都市のローマ的な地位を象徴するものであり続けた。神々や女神たちの像は、相変わらず帝国全土で公共の場を飾っていたのである。

（1）『アルジェリア・ラテン碑文集』第一巻二〇四八番。巻末引用文献【40】参照。
（2）巻末引用文献【22】参照。

3 「東方系の諸信仰」

「東方系の諸信仰」は、入信者や信徒とその神のあいだで非常に強固な個人的つながりを確立した。その多くは（キュベレ、イシス、ミトラ）、帝国全土でおおいに成功を収めつづけていた。

ディオクレティアヌスやマクシミアヌスのためのタウロボリウムに関するモニュメントが数多く存在していたこと[1]、また、たとえば二八八年にシティフィス（マウレタニア・シティフェンシス属州）でキュベレ神殿が再建されたことは（『ラテン碑文集成』第八巻八四五七番）、ローマ市や諸属州の住民が神々の母たる大地母神の信仰に強く帰依していたことを示している。フリュギア起源だったにもかかわらず、この神はおそらくもはや純然たる「東方の神」ではなくなっていた。というのも、紀元前二〇四年以来、この女神は公的なパンテオンに組み込まれていたからである。対ハンニバル戦争という災禍を経て、有力者たちはペッシノスの「黒い石」をローマ市に設置した。大神祇官《ポンティフェクス・マクシムス》、つまり皇帝によって管理されており、その信仰は非常に活発だった。というのも、マクタールの碑文では、都市参事会がキュベレ神官の任命を承認しているからである。ペルシア戦争での四帝統治の勝利を記念して三〇三年にテッサロニカで建てられたガレリウスの凱旋門でも、キュベレの姿を見出すことができる。

（1）二九五年のローマ市での『ラテン碑文集成』第六巻五〇五番、二八六年から二九三年までのあいだのマクタール（ビュザケナ属州）での『ラテン碑文集成』第八巻二三四〇一番など〔なお、タウロボリウムとは、深夜に雄牛を殺してその血を浴びるもので、キュベレ信仰の祭儀である〕。

「万の名を持つ」エジプトの女神イシスは、あらゆる神々の力を帯び、非常に人気のあるパンテオンの女神となった。というのも、正確な場所は不明なままだが、ディオクレティアヌスがローマ市に新たなイシスとセラピスの神殿を建設させたからである。

ミトラ信仰は、兵士のほか、市民によっても重んじられ、四帝統治のもとで非常に流行した。ミトラ神は、たとえばマルティグニィ（ヴァレ）のもののように、入信者だけのための聖域である数多くのミトラエウムで崇敬された。

4　伝統的な神官職

伝統的な神官職（神官（ポンティフェクス）や鳥占官（アウグル）など）は、碑文史料でしばしば言及されており、ローマ市や諸属州で非常に活発に活動していた。ローマ市では、古来のアルウァル兄弟団の長アンニウス・ルフスが三〇四年に記録されている（『碑文学年報』一九九二年、一二七番）。また、ソル神官、鳥占官《アウグル》、パラティウムのサリ神官だったガイウス・ウェッティウス・コッシニウス・ルフィヌスのように（『ラテン碑文選集』一二一七番）、元老院議員はこのような神官職を得ることに拘っていた。首都長官は、重要な神官の役割を果たす古来の公職を受け継ぐものだった。北アフリカでは、アエミリウス・アリアヌス・カエキリアヌスがレプキス・マグナ市の神官《ポンティフェクス》だったし（『ローマ期トリポリタニア碑文集』五七九番）、ガイウス・スタトゥレニウス・ウィタリス・アクィリヌスは二八六年から二九三年頃にティムガドで鳥占官《アウグル》だった[1]。以前と同様、神官は信仰の祭儀を主宰していたが、それは流血を伴う供儀をそれなりに含むものだった。

（1）巻末引用文献【38】、第二巻、一九八一年、四四六頁、注一一。

公的な市民の宗教が長いあいだにその宗教的情熱の大部分を失ってしまっていたにせよ、異教は、ローマ市や諸属州の貴族層における同様、田園地帯の庶民層においても依然としてしっかりと生き残っていた。実際、公的な異教はもはや信徒の精神的欲求に応えておらず、そのことがキリスト教や「東方系の諸信仰」の成功を容易なものとし、人びとの不安を鎮め慰めを与えてくれるような、神託を与える神々の著しい隆盛を引き起こした。とりわけアポロンの場合がそうで、小アジア西岸のクラロスやディデュマの神託は非常に栄えていた。庶民と同じように神的なるものに執着していた教養あるエリート層のあいだでは、哲学、とりわけ新プラトン主義学派がおおいに栄えた時期だった。グノーシスやヘルメス主義、さまざまなシンクレティズムのテキストに対して注釈が施されたのである。

II　皇帝礼拝の進展

皇帝権の不可欠な礎として、存命の、あるいは死去した君主の礼拝は、とりわけハドリアヌス（在位：一一七〜一三八年）の改革——皇帝の礼拝を帝政の礼拝へと変容させた——以来、ローマ市や属州各地で飛躍的に発展した。皇帝礼拝は、程度に差はあれ、政治的忠誠を真の宗教的情熱へと結びつけ、四帝統治の新たなイデオロギー的コンセプトによって強化されることになった。四帝統治は神授権による君主政としてみずからを規定し、皇帝礼拝を政治体制のなかに法的に取り込んだからである。それゆえ、皇帝礼拝は異例の発展を、そしておそらくなんらかの変容も、経験したに違いない。というのも、皇帝礼拝と女神ローマの礼拝が明確に分離されるよう試みられたからだが、充分な数の史料を欠いているために、十全には把握できていない。

人びとは、皇帝の守護霊《ゲニウス》にかけて宣誓を行ない、存命の、あるいは死去した君主の神性《ヌーメン》や神授権を祝い、二つの神のごとき家族、すなわちヨウィウスとヘルクリウスの家の栄誉のために献辞を石に刻ませるのを続けていた（『ラテン碑文選集』六三一番、六三三番など）。キプロスのサラミスでは、二九三年から三〇五年のあいだに、四人の皇帝が「公の歓喜とあらゆる儀式の創始者」として名誉をたたえられている（『碑文学年報』一九七二年、六六六〜六六八番）。死後には、その記憶が断罪されることはなかったので、この皇帝たちは神格化され、神々の列に連なった。コンスタンティウス・クロルス[1]やガレリウス（『ラテン碑文選集』六六一番、六六二番など）の例がそれにあたる。単に一私人として亡くなったにもかかわらず、ディオクレティアヌスは「人類が生まれて以来、誰にもなかった」（エウトロピウス、九巻二八章）というこの栄誉に与った。ただし、これは正確ではない。というのも、おそらく一一三年に、すでにトラヤヌスが自分の父にその栄誉を与えていたからである。[2]

（1）トリーアで三〇八年に発行された『帝政ローマの貨幣』第六巻、二一八頁、七九〇番など。
（2）同、第二巻、二九七頁、七二六番、七二七番、ローマで発行。

三世紀末か四世紀初頭のレプキス・マグナのルキウス・ウォルシウス・ガッルスのように（『ローマ期トリポリタニア碑文集』五七九番）、皇帝礼拝は、諸都市ではいつも都市参事会によって選ばれた神官《フラーメン》によって祝われていた。しかし、ほぼつねに解放奴隷が務めていたアウグスタレスの六人委員は消滅したように思われる。各属州では、皇帝礼拝の属州祭司《サケルドス》の主宰で属州会議が開催された。公的な儀式では礼拝の形式はおそらく変化していなかった。というのも、二九五年から三〇九年までのあいだにスペインのエルヴィラ／グラナダで開催された教会会議で決められた数多くの規律に関するカノンは、キリスト教徒の神官《フラーメン》に対して、就任に際して供儀を行なうことや剣闘士競技を開催することを禁じており、それを犯した場合、言い訳は許されず、破門の罰を下されることになっていたからである。[1] 異教徒の同輩と同じく、キリスト教徒の名望家も都市の全公職を務めあげることに執着していたのである。

（1）巻末引用文献【41】参照。

Ⅲ　キリスト教

二六〇年のガリエヌスの寛容令のおかげで、キリスト教は長期にわたる平穏を享受することができた。布教には好都合であり、この「教会の一時的な平和」は、いくつかの地域（オリエントや北アフリカ）ではキリスト教徒の立場を強めることを可能にしたし、とりわけ公的な生活のなかにキリスト教徒が入り込むことも可能にした。しかしながら、おそらく、カエサレアのエウセビオスによって描かれた牧歌的な情景を文字通りに受け取る必要はないだろう。

「権力者たちが私たちの〔兄弟〕に与えた様々な好意が、その証拠になるかもしれない。彼らは〔兄弟たちに〕ときには属州の統治さえ委ね、（中略）〔兄弟たちを〕供儀の苦痛から解放したのである。（中略）わたしたちは、各教会の統轄者がすべての〔属州の〕総督や知事たちからいかに大きな好意を受けるにふさわしいと見なされたかを知ることができる。（中略）大規模な教会を基礎から建てたのであった。」（八巻一章一～六節）

とはいえ、これらの証言は、ローマ市や小アジア、とりわけフリュギアで、部分的には確認できる。キリスト教碑文の数が比較的多くその語彙も豊富だからで、このことは帝国の生活にキリスト教徒が真に組み込まれていたことを示している。しかし、法的な面ではキリスト教徒は「黙認されている」にすぎず、四帝統治の政治神学は本質的にキリスト教とは相容れないものだったから、彼らの置かれた状況は脆弱なままだった。

1　帝国におけるキリスト教徒の統合

キリスト教の広がりは一様と言うには程遠かった。西方ではその数は比較的少なかった。とりわけガリアがそうで、ローマ市においてさえもそうだった。その広がりは都市中心であり、キリスト教共同体が大きかったのは北アフリカや東方、とくに大きな港町（アレクサンドリア、テュロス、エフェソスなど）においてだった。原則として一つの都市の領域をカバーする司教区にまとめられ、信徒によって選ばれた司教により指導された。地域共同体の長として、司教は今や俗人信徒とは完全に分離され、その下に読師、祓魔師、侍祭、副助祭、助祭、司祭、司教というヒエラルキーで構成された聖職者団を持っていた。有徳の聖職者はこのヒエラルキーの全階梯を登っていった。キリスト教徒は社会のあらゆる階層で――富裕層においてさえも――新しい信徒を獲得した。信徒は教会生活のなかで、とりわけ聖職者の選出において、一定の役割を果たしたが、司教職は君主政的な仕組みであり、都市や国家とのあいだでキリスト教徒が関係を持つことを奨励はしなかった。

ガリエヌス勅令以来、帝国内でキリスト教徒はもはやみずからを異邦人だとは思っていなかった。これは教会の公式な教義の決定的な変化である。たとえキリスト教徒が私的な事柄に関して義務に縛られていたとしても、彼らは国家のために働くことも受け入れていた。兵士や役人として、ときにはキリスト教徒が帝国官吏として高位の職に就くことも、さらには、侍従長だったドロテオスのように（エウセビオス、八巻一章四節）、元首の側近のなかにいることもあった。キリスト教徒は、都市の公職者として、あるいは元老院議員としてさえも、帝国の「政治的な」生活に参入していたのである。

劇場のほか、スポーツや音楽などの見世物に頻繁に通っており、キリスト教徒は、生活、文化、娯楽を同郷人と共有していた。エルヴィラ公会議の規律に関するカノンを信じるなら、キリスト教徒の生活が異教徒のものよりも格段に模範的だったわけではない。しかしながら、聖職者は人間の本質についてつねに悲観的だったこと、そして公会議の決定は明白な罪人を罰するというよりも、ありうべき過ちを警告するのが狙いだったこと、を忘れるべきではない。異教徒は依然として数としてはずっと多かったから、キリスト教徒の同化意欲に気付いて、もはやキリスト教徒を危険で同化できない党派とはみなしていなかった。見世物にも行かず市民生活に同化するのを拒むような非常に厳格な信徒からなる非力な少数派を除けば、キリスト教徒はその文化的ゲットーから脱け出ていたのである。

2　迫害の時代

総体としてイデオロギー的には両立しえなかったにもかかわらず、国家とキリスト教徒とのあいだの対立が三〇三年より前に起こることはなかった。この二〇年近くに及ぶ黙認状態はいささか驚くべきものではある。というのも、マニ教徒への迫害はその数年前にすでに始まっていたからだが[1]、ディオクレティアヌスが、マニ教徒はペルシアのためのプロパガンダではないか、と疑っていたのは明らかである。ラクタンティウスは「老人〔＝ディオクレティアヌス〕は長いあいだ、彼（ガレリウス）の激情に抗していたが……しかし、この気の急いた人間の狂気を和らげることはできなかった」と述べている（一一章三～四節）。これに従って、ディオクレティアヌスのキリスト教徒に対する政策の変更と迫害の勃発とを、ガレリウスの反キリスト教的狂信主義によって説明するのがしばしば好まれてきた。（証明されないままの）経済危機を理由として挙げる研究者や、キリスト教徒が緋衣の崇拝儀礼に参加するのを拒否したことを依然として理由に挙げる研究者もいる。後者の議論は、キリスト教徒皇帝の宮廷でも跪拝礼が行なわれつづけたことから、ほとんど受け入れられないものである。ガレリウスの役割を否定しないにしても、老境に入りつつある皇帝〔＝ディオクレティアヌス〕に対する異教徒知識人――とりわけ新プラトン主義哲学者ソッシアヌス・ヒエロクレスのような――の強い影響力を考慮する必要があるように思われる。おそらく三〇三年に出版された激烈な反キリスト教的小冊子『真実の友』の著者は、ラクタンティウス（一六章四節）によれば、「迫害をなすための煽動者にして助言者だった」のである。

（1）三〇二年か、むしろ二九七年三月三十一日の勅令。『グレゴリアヌス法典』一四巻四章。

ディオクレティアヌスは、異教や諸伝統、四帝統治の政治的イデオロギーに強く執着していたので、キリスト教に対して好意的ではなかった。しかし、「世界を混乱させ、多くの人びとの血を流す」（ラクタンティウス、一一章三節）ことなどほとんど意図しておらず、迫害のイニシアチブを握るのには嫌悪を覚えていた。とはいえ、「長く広範な」（ラクタンティウス、一一章六～八節）評議とディデュマのアポロンの神託での好意的な意見（ラクタンティウス、一一章七節）ののち、「流血なしでことがすまされる」（ラクタンティウス、一一章八節）のを条件に、キリスト教徒の弾圧を決断した。三〇三年二月二十四日、ニコメディアで迫害の第一勅令が掲示された。それは「教会を根こそぎ破壊し、〔聖なる〕文書を火によって絶滅せよ」（エウセビオス、八巻二章四～五節）と、そして「その身分や位階が何であれ、拷問に処され」「この宗教の信徒があらゆる名誉と顕職から」（ラクタンティウス、一三章一節）排除されるよう命じていた。キリスト教徒は「姦通についても、窃盗についても、不正を訴える」権利を、「すなわち、自由を、発言〔の権利〕までも」もはや持っておらず、「キリスト教徒に対するあらゆる行為が有効となる」（ラクタンティウス、一三章一節）から、この勅令は「市民としての死」によってもキリスト教共同体全体を打ちのめしたのである。信徒の抵抗はすぐに組織されたが、ただちに鎮圧されることになった。逮捕や処刑によって引き起こされた混乱のおかげで、トルコ東部のメリテネや、シリアのセレウキアやアンティオキアなどでおそらく数多く発生した簒奪の試みは容易になっただろう（エウセビオス、八巻六章八節）。それらはすみやかに鎮圧されたが、キリスト教徒によって引き起こされたものだという証拠はない。

キリスト教徒の揺るぎない態度を前に、ほどなくしてディオクレティアヌスは最初の勅令を厳しくする三つの勅令を新たに発布した。三〇三年夏、第二勅令は「各地の教会のすべての指導者を獄に引き渡すことを（エウセビオス、八巻二章五節）、第三勅令は「あらゆる〔拷問〕器具を用いてなんとしても犠牲を捧げさせよ」（エウセビオス、八巻二章五節）と命じていた。三〇四年初頭、第四勅令は「あらゆる者たちに、各都市で偶像に対し供儀をなし献酒を行なう」（エウセビオス、『パレスティナ殉教伝』、三章一節）ことを課した。背いた者は処刑されるか、鉱山での強制労働に処せられることになった。

これらの勅令は帝国全土で効力を持ったが、各地で同じような厳格さで適用されたわけではなかった。すべては、皇帝の個性や、すべての人が賛成していたわけではないこの迫害に協力しようという人びとや役人たちの意思次第だったのである。東方では、この抑圧はガレリウスによって、ついで新たに副帝となった熱心な異教徒マクシミヌス・ダイアによって指導された。その迫害は容赦のないもので、流血を伴った。「あらゆる性別・年齢の人びとが火刑に処されるべく逮捕された」（ラクタンティウス、一五章三節）。とりわけパレスティナ（エウセビオス、『パレスティナ殉教伝』）やピシディア、パンフュリア(1)の場合がそうだった。ピシディアでは、三一一年に厳格な総督であるウァレリウス・ディオゲネスが弾圧を行なった。パンフュリアでは三〇四年に、タラコス、プロブス、アンドロニコスという殉教者が皇帝たちを侮辱した廉で処刑されたが、これはきわめて例外的なことだった。西方では、マクシミアヌスと、とくにコンスタンティウス・クロルス、そしてマクセンティウスがこれらの勅令の適用には非常に慎重だったように思われる。ブリタニアとガリアでは、コンスタンティウス・クロルスは「上位者の命令に反対しているとは見えないように……教会が破壊されるのを許した」（ラクタンティウス、一五章七節）にとどまった。しかしながら、コンスタンティウス・クロルスは寛容な異教徒だったと主張する諸史料が、その息子コンスタンティヌスの宮廷から生れたものだということを忘れるべきではない。他の属州では、すべては総督の姿勢次第であり、三〇三～三〇五年の下パンノニア属州総督だったプロブスなる人物のように、キリスト教徒に対する敵意ゆえに選ばれた総督もいた。マクシミアヌスの所管だった北アフリカは、とりわけプロコンスラリス属州やヌミディア属州では、三〇三～三〇五年のあいだの迫害で深刻な打撃を受けた。

（1）『小アジアの古代記念物』第一巻、一七〇番。巻末引用文献【42】参照。

迫害は徐々にその激しさを失っていった。しかしながら、反キリスト教的な措置がディオクレティアヌスの在位中に元に戻されることはなく、それがなされたのは厳格な反キリスト教政策を主導していたガレリウスによってである。その死の直前、三一一年四月三十日に、ガレリウスはキリスト教徒に対する寛容令を発布した。そのなかで、彼は「国家があらゆる点で安泰であり、〔キリスト教徒が〕自身の家庭で平和な生活を営むことができるように、我らと国家、そして彼ら自身の安寧のために彼らの神に祈る」ようにキリスト教徒に求めた。[1]

（1）ラテン語テキストは、ラクタンティウス、三四章一～五節。ギリシア語訳はエウセビオス、八巻一七章三～一〇節。

3　棄教者問題

迫害のあいだ、全信徒が同じ態度をとったわけではなかった。最も厳格な者は、その数は何千といたが、信仰を捨てることを拒否して殉教した。これらの聖なる殉教者はキリスト教徒全体のごくわずかな部分を表わしているにすぎないが、地元の信仰の対象となったり、人びとの守護者として古来の異教の神々に取って代わるようになったりしたから、のちには重要な役割を果たすことになった。他の信徒のうち、数は少ないものの、同様に厳格だったのが「告白者」である。拷問や抑留生活にも関わらず迫害を生き延びた人びとで、長きにわたって威信をもつだけの価値を持っていた。彼らほど勇敢ではないほかの者たちは、おそらく彼らほど信仰に確信を抱いておらず、ローマ世界により適応していたので、勅令に服従した。これらの棄教者は、はるかに、最も数が多く、最小限の市民としての行為を果たすのを受け入れた。すなわち、国家への供儀である。さらに、キリスト教徒の最後のカテゴリとなるのが「引き渡し者」である。一般には聖職者であり、官憲に対して教会の文書を引き渡したのである。

迫害が終結したあと、棄教者や「引き渡し者」は、その大部分がキリスト教共同体に復帰することを求めた。其処此処で一部の「告白者」が非常に厳格な姿勢をとったり、棄教した者たちへの赦免の基準に反対しようとしたりしたにせよ、総体としては、その教会復帰はさほどの困難を伴わずに行なわれた。ただし、ローマでは、マクセンティウスが新司教マルケルスを追放するほどに、その混乱は深刻だった。エジプトでは、二〇年にわたってリュコポリスの司教メレティオスによって率いられた分派が存在した。だが、情勢の展開がとくに深刻だったのは北アフリカである。ここでは、迫害が強硬に行なわれ、棄教者や「引き渡し者」はその数を増した。おそらく三一一年にカルタゴの熟練した首座大司教だったメンスリウスが亡くなったあと、その後継者カエキリアヌスの選出が一部の聖職者によって問題とされた。ヌミディアの二司教、キルタ司教のシルウァヌスとリマタ司教のプルプリウスに率いられ、反対派は、カエキリアヌスが「引き渡し者」であるというだけでなく、「引き渡し者」であるとして自身も批判されていたアプトゥグニ（ビュザケナ）司教フェリックスによって聖別されたことでも彼を批判した。長いあいだ、不適格な者によって為された秘蹟はすべて無価値である、と北アフリカの教会は考えていたのである。三一二年秋には、これら厳格派の高位聖職者たちは「罪人たちの教会」の権威を拒絶し、みずから「聖人たちの教会」と称して、別のカルタゴ司教を選出した。このマヨリヌスはまもなく死去し、ドナトゥスがそれに取って代わった。たとえドナトゥス派がローマやガリア、ヒスパニアの諸教会に承認されなかったとしても、分裂は生じてしまった。少なくとも五世紀半ばまで存続し、非常に数多くの社会的トラブルを引き起こすことになった。

第九章　四帝統治の終わりとディオクレティアヌスの死

四帝統治はその軍事的有効性を証明し、ディオクレティアヌスがローマ世界を根底から変えるような重大な構造改革を実現することを可能にした。ディオクレティアヌス体制の収支決算は大きな黒字だった。それにもかかわらず、年の経過とともに、二つの付随する問題がますます深刻なものとなっていった。正帝たちの老化と、主たる勝利の立役者だったにもかかわらず、従属的地位に置かれた副帝たちの立場である。ディオクレティアヌスは、野心が対立する危険性に気付いており、老いて、おそらく病気だったこともあり、隠退することを決意した。そして、その地位を二人の副帝に譲るために、同じようにするようマクシミアヌスも説得した。ディオクレティアヌスは生まれながらの神ではなく、神的な存在になったのはユピテルによって任命されたその日のことにすぎなかったから、権力を手放すことができた。退位することで、彼は人に戻ったのである。

I　第一次四帝統治の終わり

1　退位をめぐる諸問題

O・ゼークによれば、[1] ディオクレティアヌスは四帝統治創設のときからいつの日か退位することに決めていたという。ディオクレティアヌスは、観念論者のような要素は何も持ちあわせていなかったから、これはありそうにない仮説である。これは現実的な事柄だった。つまり、彼が決断を下したのはずっと遅くなってからのことだった、というほうがずっとありそうなことである。W・セストンによれば、[2] その決断は三世紀末ギリギリのことだった。その根拠はテッサロニカのガレリウスの凱旋門のレリーフにある。物事が永遠に反復することを擬人化したディオスクリがそのレリーフに存在していることは、神意により帝位の限度が二〇年と永遠に定められていることを示しているのだという。運命に従って、二人の正帝は、その帝位を二人の副帝に譲らねばならなかったのである。今は亡きA・シャスタニョルによれば、ディオクレティアヌスが決断を下したのは即位二十周年の直前のことにすぎず、後継問題は退位を決定する原因ではなかった。彼が隠退したのは、年齢と病気で弱くなったのを自覚したから、そしてガレリウスが執拗だったからである。ラクタンティウスはさらにこう書いている。「副帝〔＝ガレリウス〕は……彼〔＝ディオクレティアヌス〕に命令権を放棄させるために……到着した。〔ディオクレティアヌスは〕すでに高齢で、もはや健康ではなく、国家を治めることはできない」（一八章一～二節）。しかし、ラクタンティウスは、三〇七年の氏名不詳の頌詞作家と完全に矛盾している。頌詞作家が述べるところでは、マクシミアヌスは退位することで、「実際、あなた方のあいだで長きにわたって計画されてきたことに、忠実だった」（『ラテン頌詞集』六番九章二節）のだという。

（1）巻末引用文献【43】、一一～一二頁。
（2）巻末引用文献【44】、二四九～二五七頁。

ディオクレティアヌスは、隠退するというその意思を即位二十周年の儀式のとき（三〇三年）に発表し、ローマ市のカピトリウム丘のユピテル神殿でマクシミアヌスに誓約させて（『ラテン頌詞集』七番一五章六節）、彼も同様にするよう「強制した」。しかし、おそらく二人は退位の日付を明確にはしなかっただろう。マクシミアヌスの治世一九年目の終わり、三〇五年五月一日（ラクタンティウス、一九章一節）に権力を手放すことで彼らは一致した。

2　後継者の任命

ユピテルとヘルクレスに発する神の世襲というフィクションを基礎として、「世襲的な」真の後継体制をディオクレティアヌスは入念に準備した。二正帝の隠退で、二副帝、コンスタンティウス・クロルスとガレリウスが正帝となった（ラクタンティウス、一八章五～七節）。ユピテルとヘルクレスに見守られて、彼らは、自身の即位二十周年のあとにその地位を襲うことになるはず（ラクタンティウス、二〇章四節）の二人の新しい副帝（ラクタンティウス、一八章八節）を選んだ。

ラクタンティウス（一八章九節）を信じるなら、ディオクレティアヌスは世襲による継承原則を採用し、統治を行なうにふさわしい年齢だった同僚たちの二人の息子を副帝に任命することも考えたという。すなわち、マクシミアヌスの息子でガレリウスの女婿だったマクセンティウスと、コンスタンティウス・クロルスの息子だったコンスタンティヌスである。しかしながら、「自分の配下にある人物を」副帝に就けることを望んだガレリウスの圧力で（ラクタンティウス、一八章一一～一二節）、ディオクレティアヌスは養子による世襲というコンセプトを受け入れたという。いずれにせよ、ディオクレティアヌスは新たな副帝として、皆が驚くなか（ラクタンティウス、一九章四節）、ガレリウスの取巻きだったイリュリア出身の将校二人を示した。ガレリウスの甥のマクシミヌスと、セウェルスである。ガレリウスへの忠誠ゆえに選ばれたにせよ、ラクタンティウスによって作り上げられたあまりにひどい彼ら二人の人物像を信用することはできないから、おそらく、彼らに能力がなかったわけではないのだろう。

3 新しい正帝と新しい副帝の即位

三〇五年五月一日、二正帝の退位と同時に即位式が行なわれた。綿密に取りきめられた二重の儀式が、ニコメディアとミラノで、軍隊の前で挙行された[1]。コンスタンティウス・クロルスはヘルクレスの正帝となり[2]、ガレリウスはユピテルの正帝となった[3]。それから、二人の新副帝、マクシミヌス・ダイアとセウェルスがディオクレティアヌスとマクシミアヌスによって公式に示された。ディオクレティアヌスとマクシミアヌスは緋色のマントを脱いで彼らに着せてやり、彼らは兵士による歓呼を受けて神の家系に入った。セウェルスはコンスタンティウス・クロルスによって養子とされ、フラウィウス・ウァレリウス・セウェルスという名を採用して、ヘルクリウスとなった[4]。マクシミヌス・ダイアはガレリウスによって養子とされ、以後はガレリウス・ウァレリウス・マクシミヌスを名乗り、ヨウィウスとなった[5]。小アジア、リュディアのテキストでは、コンスタンティウス・クロルスとその副帝セウェルスはともに「神の生まれ」として扱われていたから（『碑文学年報』一九四〇年、一八二番）、四帝統治の伝統のなかにしっかりととどまっていたのである。

（1）ラクタンティウス、一九章と、エウトロピウス、九巻二七章。
（2）トリーア発行の『帝政ローマの貨幣』第六巻、二〇三頁、六二〇番aなど。
（3）トリーア発行の同、二〇三頁、六二四番など。
（4）トリーア発行の同、二〇三頁、六二二番など。
（5）トリーア発行の同、二〇四頁、六二六番bなど。

かつての正帝たちは上級正帝《セニオレス・アウグスティ》という名誉称号を受け取った[1]。ディオクレティアヌスはスプリットの大きな宮殿に、マクシミアヌスはイタリア南西部ルカニア地方に、それぞれ自身の地所に隠退した（エウトロピウス、九巻二七章）。

（1）『ラテン碑文選集』六四五番、六四六番など。トリーア発行の『帝政ローマの貨幣』第六巻、二〇八頁、六七一～六七八番など。

Ⅱ　第二次四帝統治（三〇五年五月一日～三〇六年七月二十五日）

ディオクレティアヌスは、かつての協力者二人が最高権力に達し、第二次四帝統治が衝突なく成立することを可能にした。この体制が初めての帝位の引き継ぎという困難を乗り越え、四帝統治が将来性をもち、効率的で、帝国の一体性を維持できることを、彼は示しつづけたのである。別の未知の要素が残っていた。権力から排除されたマクセンティウスとコンスタンティヌスという「世襲による後継者」の態度である。

ラクタンティウスに見られるように、[1] コンスタンティウス・クロルスは最年長で、すでにヒエラルキーにおいては首位の副帝だったから、優位性を持っていた。奇妙なことではあるが、ヨウィウスのヘルクリウスに対する神的優位性は、もはや尊重されていなかった。これは四帝統治の宗教的基礎に対する重大な侵害となったように思えるが、このことはディオクレティアヌスによって整えられた体制が真の「制度」ではなかったことを示している。しかしながら、ガレリウスはたとえ公的なヒエラルキーでは第二位でしかなかったにせよ、この体制での新たな権力者となった。

(1) ラクタンティウス、二〇章一節「コンスタンティウスは首位〔の皇帝〕に任じられる必要があったのだが……」。

軍事および行政の責任は、皇帝たちのあいだで、より明瞭に地理的な観点から分割された。それは、おそらく正帝たちが互いにさほど理解しあっていなかったからだろう。このことは、「不可分の祖国」という四帝統治の主要コンセプトの一つに対する重大な侵害となった。コンスタンティウス・クロルスは、彼がすでに治めていたガリアやブリタニアにおそらくイベリア半島を付け加えた。セウェルスは北アフリカとイタリア、それにパンノニアを統治した。ガレリウスは残りのイリュリクムとトラキア、ギリシアを保持し、小アジアも引き受けた。マクシミヌス・ダイアはオリエンスの残りとエジプトを手にした。

コンスタンティウス・クロルスは、その息子コンスタンティヌスに合流するよう求めたが、ラクタンティウスを信じるなら(二四章三〜九節)、ガレリウスはコンスタンティヌスを出発させるのを拒み、コンスタンティヌスは逃亡したことになるだろう。コンスタンティヌスが父との再会を果たしたのは、スコットランドのピクト族と戦いにいくために、父親がブリタニアへ向かって船に乗り込もうとしていたときのことだった。コンスタンティウス・クロルスは、三〇六年七月二十五日、勝利した遠征からの帰途、ヨークで突然亡くなった。後継問題の決定は、公式に第一正帝となったガレリウスに帰されるべきものだったが、ブリタニアの軍の兵士たちはコンスタンティヌスによって買収され、コンスタンティウス・クロルスが死んだ同じ日に、先回りしてその息子を正帝と宣言した（エウトロピウス、一〇巻二章）。まさしく軍事的アナーキーの日々に戻っていきそうな状態だった。

　不意を突かれた結果、ガレリウスは二重の問題に直面することになった。一方では、四帝統治の原則を捨てることなくコンスタンティヌスの指名を受け入れることはできなかった。それゆえ、ガレリウスは、四帝統治の論理通りにセウェルスをヘルクリウスの正帝として指名した（ラクタンティウス、二五章五節）。他方、コンスタンティヌスは良き兵士であり、すでにライン川流域でフランク族に対して勝利した遠征を率いていたから、かつてのコンスタンティウス・クロルスの諸属州の分離というリスクを冒すことなく、ブリタニアの軍の決定を無視することもできなかった。ガレリウスはコンスタンティヌスにヘルクリウスの副帝《カエサル》という称号を与えることに甘んじ（ラクタンティウス、二五章五節）、コンスタンティヌスもそれを受け入れた(1)。従って、セウェルスは再び単独でヘルクリウスの正帝ということになった。彼は旧来の支配領域にイベリア半島も付け加えた。コンスタンティヌスはガリアとブリタニアを受け取って、「非常に高貴なる副帝」と「若き元首(2)」という公式の称号を持ってトリーアへ入った。コンスタンティヌスは、現在のマケドニア共和国のナイスス／ニシュで二七二年か二七三年に生まれたから、当時は働き盛りの年齢で、まずは四帝統治の働きを誠実に果たしたのである。

（1）『ラテン碑文集成』第一七巻第二分冊一〇六番や、『上サヴォワ・ラテン碑文集』一一七番など。後者の碑文集については、巻末引用文献【45】参照。
（2）トリーア発行の『帝政ローマの貨幣』第六巻、二〇四頁、六二七番。

Ⅲ　第二次四帝統治（三〇六年七月二十五日～三〇八年十一月十一日）

コンスタンティヌスが副帝の地位に昇格したのに伴って、新たな四帝統治が成立した。ガレリウスとセウェルスという二人の正帝とマクシミヌス・ダイアとコンスタンティヌスというその副帝から成っていた。最も古くから正帝だったガレリウスがその長だったことを、あらゆる碑文が証言している（『ラテン碑文集成』第一七巻第二分冊一〇六番）。ヨウィウスは再び公式に優位性を回復した。

世襲による後継者として最後まで認められることのなかったマクセンティウスは、一私人としての地位をますます受け入れがたくなった。初めてカピタティオ税を課されたためにローマの民衆が持っていた不満と、蚊帳の外に置かれたために失望した近衛兵の怒りを利用して（アウレリウス・ウィクトル、四〇章五節）、マクセンティウスは三〇六年十月二十八日に反乱を起こした。ガレリウスとの関係を完全に断絶させてしまわないように（ラクタンティウス、二六章六～七節）、「不敗の元首《プリンケプス》」という幾分か遠慮した称号を彼は採用した。[1] ガレリウスはこの簒奪を当然認めることはできず、セウェルスに軍を率いて、すなわちかつてのマクシミアヌスの軍を率いて、マクセンティウスに立ち向かうよう求めた。あらゆる妥協が不可能であることを理解すると、北アフリカとイタリア半島では副帝として認められていたマクセンティウスは、父親のことを思い起こさせて、三〇七年春にはみずから正帝と宣言し[2]、セウェルスを打ち破ってラウェンナへと敗走させた（ラクタンティウス、二六章一〇節）。[3] 無理やり隠退させられたのに全然我慢できていなかったマクシミアヌスは、三〇七年夏には再び正帝称号を帯びて[4]、ローマ市で息子に合流した。マクシミアヌスのかつての兵士たちがマクシミアヌスと戦うのを拒んだため、セウェルスは退位し（?）、そして降伏することを余儀なくされた。ほどなくして、三〇七年九月十六日に彼は処刑された。危険を認識してガレリウスはイタリアへの介入を試みたが、自身の軍隊をほとんど信用できず、退却を選んだ。[5] 結局、彼には極度に悪化した政治情勢をコントロールできなかったのである。

（1）ローマ発行の『帝政ローマの貨幣』第六巻、三六九頁、一四三番など〔マクセンティウスは、当初、「正帝（アウグストゥス）」や「副帝（カエサル）」ではなく「元首（プリンケプス）」と名乗ることでみずからの地位を曖昧なままにとどめ、ガレリウスが自分を皇帝として承認する余地を残しておいた。ただし、後述のとおり、ガレリウスの承認は得られなかった〕。
（2）カルタゴ発行の同、四三〇頁、四七番。
（3）ローマ発行の同、三七一頁、一六二番、一六三番など。
（4）ローマ発行の同、三七三頁、一七〇番、一七四番など。
（5）ラクタンティウス、二七章二〜五節や、ゾシモス、二巻一〇章三節。

三〇七年秋、マクシミアヌスはコンスタンティヌスに会いにいった。おそらく、首位の正帝として自身を認めるように求めるため、そしてガレリウスに対抗するための彼の支持、少なくとも彼の中立を確認するためだった。三〇七年十二月（?）には、コンスタンティヌスによるマクシミアヌスの正帝としての承認、およびコンスタンティヌスの正帝位への昇格をもとに、二者のあいだで合意がなされた。[1]「新しき」二人の正帝間の関係を補強するために、コンスタンティヌスはマクシミアヌスのあまりに幼い娘、七歳だったファウスタと結婚した。マクシミアヌスは思いを宿す心であり、コンスタンティヌスは、神々の殿堂入りを認められたコンスタンティウス・クロルスが見守るもとで、それを実行する腕だったにちがいない。コンスタンティヌスがたとえ正帝という地位にあり、「新帝コンスタンティヌスは息子という以上の存在になり始めた」（『ラテン頌詞集』六番一三章三節）にせよ、これで、正帝と副帝のあいだで責務を分担するという第一次四帝統治の枠組みにほぼ戻ることになった。コンスタンティヌスは四帝統治体制に依然として忠実だった。

（1）トリーア発行の『帝政ローマの貨幣』第六巻、二一八頁、七八〇〜七八三番。

コンスタンティヌスとマクシミアヌスのあいだの合意は、状況をますます複雑なものとした。以後、ローマ世界は二つに分割された。東方では、正帝ガレリウスとその副帝マクシミヌス・ダイアが四帝統治の枠組みで統治していたが、西方では、ディオクレティアヌスの体制はもはや存在していなかった。正帝が四人もいながら、副帝は一人もいなかったからである。すなわち、コンスタンティヌスはガリアとブリタニアを支配していた。マクシミアヌスは自由になる領土は持っていなかった。マクセンティウスはイタリアとシチリアに君臨していたが、北アフリカを失った。北アフリカでは、三〇八年中に管区代官だったルキウス・ドミティウス・アレクサンデルが正帝の称号を奪い取った[1]。彼はアフリカ産小麦にその大部分を依存していたローマやイタリアの食糧供給を脅かした。状況の深刻さを憂慮して、ガレリウスは、三〇八年十一月十一日、カルヌントゥム（パンノニア）に最も古い三人の皇帝たちを招いた。三〇八年の執政官職を引き受けていたディオクレティアヌスと、マクシミアヌス、そして彼自身である。

（1）カルタゴ発行の『帝政ローマの貨幣』第六巻、四三二〜四三五頁。

IV　第四次四帝統治（三〇八年十一月十一日〜三一一年五月五日）

ディオクレティアヌスによって進められた会議のあいだ、マクシミアヌスは「再び権力を握るようにディオクレティアヌスを説得しようと試みた」。ディオクレティアヌスは「その要請に動かされることはなく、公務よりも隠退生活のほうを好んだ」（ゾシモス、二巻一〇章四〜五節）。この主張が真実かどうかはともかくとして、マクシミアヌスが再び退位することを受け入れたから、三人は新たな四帝統治を創設することを決定した。東方では、皆にとって好都合だったため現状を維持した。西方では、結局、コンスタンティヌスは体制に組み込まれたものの、副帝位に「格下げされた」。ガレリウスの圧力で、ヘルクリウスの正帝位は彼の親友の一人で、イリュリア出身の将校であり「古くからの幕舎の同僚であり、軍務の開始以来親しかった」（ラクタンティウス、二〇章三節）ウァレリウス・リキニアヌス・リキニウスに与えられた。まったく当然のことながら、マクセンティウスとアレクサンデルという簒奪者二人は蚊帳の外に置かれた。

リキニウスは副帝だったわけでもないため、この四帝統治原理によるプランはほとんど納得を得られず、この決定が実施されることはなかった。西方では、支配を続けていたマクセンティウスやアレクサンデルと戦うことがリキニウスにはできなかったし、他方、公式の副帝二人は、新たな境遇を受け入れるのを拒否した。マクシミヌス・ダイアは、新参者〔＝リキニウス〕のために自分が捨て置かれたのが面白くなかったし（ラクタンティウス、三二章一〜三節）、コンスタンティヌスは正帝の栄誉を断念するのを拒絶した。彼は自尊心を傷つけられ、支配下にある造幣所（ロンドン、トリーア、リヨン）で、ガレリウスの名を持つ貨幣をもはや打刻させなかった。ガレリウスは「副帝の称号」を廃止し、三〇九年初頭には「正帝たちの息子」という名を彼らに与えて（ラクタンティウス、三二章五節）両者をなだめようと試みたが無駄だった。マクシミヌス・ダイアが自身の兵士によって正帝として宣言されたあと、三一〇年五月一日（?）には、ガレリウスは両者とも正帝として認めねばならなかった（ラクタンティウス、三二章五節）。この間にマクシミアヌスはコンスタンティヌスの近くに戻っていたが、陰謀をめぐらし、再び正帝の称号を帯びた。

ローマ世界は七人の正帝を数えるに至った。ガレリウス、マクシミヌス・ダイア、コンスタンティヌス、リキニウスの四人は正当な正帝だった。マクセンティウス、アレクサンデル、マクシミアヌスの三人は簒奪者である。マクシミアヌス、ガレリウス、アレクサンデルの突然の死によって事態は幾分か単純になった。マクシミアヌスはコンスタンティヌスに反抗し、ナルボネンシスでのわびしい軽挙妄動のあと、三一〇年の初夏に自殺を強いられた（『ラテン頌詞集』七番一八〜二〇章）。その記憶はコンスタンティヌスによって断罪された。同じころ、あるいは少し前に、マクセンティウスはアレクサンデルの反乱を粉砕し、アレクサンデルは近衛長官だったルフィウス・ウォルシアヌスによって処刑された。最後に、ガレリウスは病と度重なる失敗に蝕まれ、三一一年五月五日に死去した（ラクタンティウス、三五章三節）。

ガレリウスの死は、四帝統治に決定的な終わりを告げるものだった。四人の正帝が残ったが、少なくとも一時的には世界を分割しあうのを受け入れねばならなかった。

V　ディオクレティアヌスの死

　退位したあと、ディオクレティアヌスは、巨大な宮殿（およそ三万平方メートル）に隠退した。その宮殿は今なお目を見張るほど保存状態が良い。三世紀最後の数年間に、サロナ／スプリット（クロアチア）近郊に東方の建築家に命じて彼が建てさせたものである。この記念碑的な建造物の構造はローマの陣営の設計に由来している。柱廊で飾られた東西・南北の二つの通路を持ち、それらは直角に交差している。ティヴォリのハドリアヌスのヴィッラの閑雅には程遠く、隠退した皇帝の安全と福利を保障することを考慮して、この要塞のごとき宮殿は、一〇の方形の塔と、北、東、西の各面に開いた三つの重要な門を取り囲む六つの八角形の塔によって守られている。南側は海に面しており、豪華な部屋や私的な住居に割かれている。一連の窓状のアーチが横に連なり、中央部と両端には三部分から構成されたロッジア（屋根のついたテラス）があって、まんなかの飾り迫縁《アーキボールト》のおかげでモニュメンタルなものとなっている。南北の通路では、列柱が、一方ではおそらくユピテルに捧げられた礼拝区画への入り口を示し、他方ではディオクレティアヌスの八角形の墳墓を示している。

　ディオクレティアヌスは、三〇八年に一〇度目の執政官職に就いたにせよ、ローマへ赴くこともなく、数年にわたって一私人としての生活を送った。カルヌントゥム会議に際しては、仲裁は申し出たが、政務に戻るのは拒んだ。おそらく病気で弱っていたのだろうが、この人物の存在について、そしてその死についても、確実にわかることは何もない。ラクタンティウスによれば（四二章三節）、「神によって屈辱的な生活へと追いやられ、侮辱を浴びせられ、人生を厭うようになり、空腹と苦悩のうちに死んだ」。エウセビオスによれば（八巻、補遺三）、「はげしい痛みを伴う疾患に長期にわたって肉体を蝕まれた」のちに自然死を迎えた。他の古代の作家たちが、服毒死であれ（『皇帝伝要約』、三九章七節）、縊死であれ（『スーダ』）、その死を自殺に帰しているにしても、エウセビオスやラクタンティウスに近い見方は非常にありそうなことで、この皇帝の死後に流布した噂を反映したものだったのかもしれない。

彼が亡くなった日付も、公文書はディオクレティアヌスが三一三年六月一日には存命だったことを明確にしてくれるにすぎないから（『テオドシウス法典』第一三巻第一〇章第二法文）、完全に議論の的になってしまっている。ラクタンティウス（四二章三節）はなんら正確なクロノロジーを与えてくれるわけではないが、三一三年の夏の終わりにマクシミヌス・ダイアが死ぬより前か、あるいはおそらくその直後に、ディオクレティアヌスの死を置いていることは疑いない。ゾシモス（二巻八章一節）の場合は、三一六年という年代を示している。しかしながら、エウセビオスの『教会史』第八巻の補遺は三一四年か三一五年と同定しうるので、同時代人であるラクタンティウスに従うほうが良いように思える。結局のところ、三一四年か三一五年の終りに、ディオクレティアヌスの妻と娘であるプリスカとウァレリアがリキニウスに処刑されたことがわかっている（ラクタンティウス、五一章）。四帝統治の創設者の生前に厚かましくもこんなことをするというのは、あまりありそうにない。従って、ディオクレティアヌスは三一三年後半に亡くなったと認めるべきだろう。彼は美しい墳墓に入れられ、神格化の栄誉を受けたのである。

　ローマ世界の復興者として、ディオクレティアヌスは一般には末期帝国最初の君主とみなされているが、むしろ彼がセプティミウス・セウェルスやイリュリア人皇帝たちのより大胆な後継者だったことは明らかである。その根本的な改革は、伝統的な、反動的でさえあるような着想に基づいており、ローマの過去と真の断絶を画するものではなかった。倫理、文化、宗教に関しては心の底から伝統主義者であり、実際、彼は「最後のローマ皇帝」だったのである。コンスタンティヌスは、キリスト教とローマの政治・宗教的理想のあいだの困難な融合を総体としては成功させ、ビザンツ帝国という新体制——その体制は、一四五三年にトルコ人によってコンスタンティノポリスが占領されるまで、根本的な変化を蒙ることなく存続した——の真の創設者となったのだから。アンミアヌス・マルケリヌス（二一巻一〇章八節）は、ユリアヌスに彼の叔父〔＝コンスタンティヌス〕は「古来の法や習慣の革新者にして破壊者」だったと語らせており、ユリアヌスもこのことをよく理解していたのである。

　ディオクレティアヌスは明晰で現実的な政治家であり、皇帝権を大幅に強化し、帝国を根底から改革するのを可能にするような体制を、情勢に応じて少しずつ立ち上げていった。彼はその企図に成功したが、彼の迫害を許せないようなあらゆる人びとにとっては、大目に見ることのできないものだった。コンスタンティヌスを称賛するために、彼らはディオクレティアヌスの体制を中傷せねばならなかったのである。もっとも、コンスタンティヌスは「わが父祖」とディオクレティアヌスを呼んでいた（三一三年の『テオドシウス法典』第一三巻第一〇章第二法文）。しかしながら、四帝統治はおそらく個々人の公正さと義務感に過剰な信頼をよせたものだったから、その創設者の隠退を乗り越えることはできなかった。ディオクレティアヌスは、世襲による継承と人びとの野心の重みを過小評価しすぎていたのである。息子コンモドゥスの「限界」にしっかり気付いていたマルクス・アウレリウスでさえ、あえてその息子を権力から遠ざけることはなかった。

エウトロピウス（九巻二八章）が注目したように、結局、ディオクレティアヌスのこの最後の奇妙な行動は「類まれな徳目の模範ではあった。ローマ帝国の創設以来、唯一、彼はあれほどの高みから自発的に降り、私人としての暮らしや市民としての境遇に戻ったのである」。おそらく、これはガレリウスの圧力のもとでのことだっただろうが、四帝統治が将来にわたって存続するかを見極めるためでもあったのである。

訳者あとがき

本書は、Bernard Rémy, *Dioclétien et la tétrarchie*（Coll. « Que sais-je? » n°3418, PUF, Paris, 1998）の全訳である。著者のベルナール・レミィ氏は、グルノーブル大学教授を務められたローマ史家にしてラテン碑文学者である。二〇〇七年に退職され、現在は同大学の名誉教授とのことだが、お元気で研究を続けられている。昨年（二〇〇九年）にも、ガリアの女性たちをテーマとした論文集を他の研究者とともに出版されている。かつては小アジアを研究フィールドとされることが多く、当時の代表的著作としては、次のようなものが挙げられる。

- *Les fastes sénatoriaux des provinces romaines d'Anatolie au Haut-Empire (31 avant J.-C.-284 après J.-C.) – Pont-Bithynie, Galatie, Cappadoce, Lycie-Pamphylie et Cilicie*, Paris, 1988.
- *Les carrières sénatoriales dans les provinces romaines d'Anatolie au Haut-Empire (31 avant J.-C.-284 après J.-C.) – Pont-Bithynie, Galatie, Cappadoce, Lycie-Pamphylie et Cilicie*, Istanbul, 1989.

その後は、古代のガリアを中心に数多くの書籍・論文を執筆されるかたわら、フランスで出土したラテン碑文の再整理・刊行に尽力されており、『アクィタニア・ラテン碑文集（*Inscriptions latines d'Aquitaine*）』や『ナルボネンシス・ラテン碑文集（*Inscriptions latines de Narbonnaise*）』の各巻をはじめ、多くの碑文集の編纂に携わっておられる。

現代のフランスを代表する碑文学者の一人である氏の書かれた本書は、短いながらも近年の研究を踏まえてバランスよくまとめられた好著である。ラクタンティウスやエウセビオスといった迫害されたキリスト教徒側の視点に引きずられがちな他のディオクレティアヌス関連の文献とは異なり、この皇帝とその時代をより客観的に見ることに成功していると思う。おもにラテン碑文を使ってディオクレティアヌスの時代を研究している訳者としては、非常に気持ちよく本書の翻訳を進めることができた。また、本書では、根拠となる史料や研究者の名前がきちんと挙げられている点も重要である。「序論」の部分で基礎となる史料を紹介したうえで、議論の根拠を示す。歴史研究としてはごく当然のことなのだが、歴史を語りたがる人ほどその根拠を示さないことが多いような気もする。入門書でありながら、きちんとその手続を踏んでいる点は重要ではないだろうか。なお、地名に関しては、現代風にも古代風にも統一できていない点はお詫びせねばならない。ニコメディアを現代のトルコの地名にしても無意味だろうし、他方、ミラノをメディオラヌムと呼ぶのも不自然だと思う。広く使われていると思しきほうを選んだつもりだが、読者諸賢のご批判を請いたい。なお、スラッシュで古代名と現代名が併記されている場合、その順序は原著のままである。また、原著のあやまりと思われる箇所については、著者に確認のうえで修正した。

さて、本書を読まれて、もしかすると違和感を覚えた読者もおられたかと思う。日本語として生硬にすぎる、というものであれば、訳者としてはお詫びするしかないが、訳語の選択について若干の説明をしつつ、近年の研究動向を紹介していきたい。

まずは「四帝統治」という訳語について。フランス語の tétrarchie、英語なら tetrarchy に当たる言葉である。日本では、一般的に「四分統治」「四分割統治」と訳されることが多いのではないだろうか。

訳者としては、これらの訳語を採用するつもりは最初からなかった。というのも、著者も指摘している通り、ディオクレティアヌスが帝国統治のために最終的にたどり着いた形態は、正副合わせて四人の皇帝がいたとしても、帝国を分断するものではなかったからである。あくまでも、ディオクレティアヌス一人を中心とした体制だった。それを踏まえれば、「分」という表意文字を用いることはできない。「四帝共治」という訳語も考えたが、本書第九章に示されているようなディオクレティアヌス退位後の混乱を考えると、それも不適切と判断した。「四頭政」というのも考えたが、ローマ史では「三頭政治」というあまりに有名な先例がある。それは、互いに権力を求めて争った有力政治家たちの便宜的な同盟関係であり、ディオクレティアヌス一人を最高権力者とする体制に類似の訳語を用いては不適当なイメージを持たれかねない。当初は、ラテン語の音を示した「テトラルキア」とするつもりだったが、一般的ではないとの理由により方々で反対され、結局、四人の皇帝がいることだけを示す「四帝統治」となった次第である。

次に「元首政」「帝政前期」という表現について触れておきたい。この二つの言葉が示す時代は、基本的に同じものと思っていただいて構わない。前者は principat、後者は Haut-Empire を訳したもので、おおむねアウグストゥスの時代から三世紀初頭くらいまでを示している。同じ内容を示すならわざわざ訳し分ける必要などないのでは、と考える方もおられると思う。実際、翻訳作業中にそのようなご意見もいただいた。それでも訳し分けたのには理由がある。これは、むしろ読者の方々に違和感を持ってほしかったからで、実は本書には「元首政」と対になる「専制君主政」という言葉は一度も出てこない。別にその訳語を採用しなかった、というわけではなく、フランス語の dominat という言葉が使われていないのである。

おそらく、この二〇年ほど（あるいはもっと以前から）、「専制君主政」という言葉を用いる専門のローマ史研究者はほとんどいないだろう。考え方は人それぞれだろうけれども、ローマの帝政は、元老院というオブラートに包まれていたにせよ、その始まりから皇帝による軍事独裁だった。たとえディオクレティアヌスがさまざまな改革を行なったのだとしても、その治世に、体制の断絶というほどの事態が起こることはなかった。著者は、ディオクレティアヌスは最後の「ローマ皇帝」だった、と述べている。しばしば言われているような「専制君主政」の創設者ではない。次代の主役となるコンスタンティヌスはキリスト教を支援し、コンスタンティノポリスを創設した。キリスト教が後代に果たした役割の大きさと、コンスタンティノポリスを中心とした「ローマ帝国」がローマ市を離れて中世の終わりまで続いたことを考えれば、ここに一つの時代区分を置くというのは、訳者としては充分に理解できる。無論、それが現代の研究者による便宜的な区分であることは論を待たない。いずれにせよ、確実なことは「元首政」という言葉は引き続き用いられているものの、「専制君主政」という言い方は完全に廃れてしまった、という点である。「帝政後期」（フランス語の Bas-Empire）のほうはまだ時折見かけるが、近年では「古代末期」（フランス語では Antiquité tardive）という表現のほうが広く用いられている。個人的には、キリスト教的な文化を比較的重視した見方だと思う。ただし、この「古代末期」という概念をめぐっても、研究者間で理解に相違がある。日本でも古代末期研究は盛んになってきており、二〇〇八年に松江で開催された第五八回日本西洋史学会大会で小シンポジウムが開催された。詳しくは、訳者による参考文献【9】で挙げたシンポジウムの報告をご覧いただければと思う。

もう一つだけ、近年の研究動向を紹介し、ちょっと長いあとがきを終わりにしたい。それは、先ほどの「古代末期」論とも関係するが、「三世紀の危機」をめぐる議論である。かつて、ディオクレティアヌスの時代以降を「専制君主政」と定義づける前提となっていたのが、この「三世紀の危機」という見方だった。ディオクレティアヌスの即位に先立つ半世紀のあいだ、ローマ帝国は、ゲルマン人の侵入、頻発するクーデタ、急激なインフレーション、疫病の流行、といった内憂外患に苦しみ、滅亡の危機にさらされた。その結果、「専制君主政」という新たな仕組みが生まれた、という筋書きである。だからこそキリスト教が広まった、という点も付け加えるべきだろうか。しかし、この点についても、帝国が滅亡にさらされるほどの「危機」だったのか、という懐疑的な見方が示されている。この問題は、おそらく、「古代末期」をめぐる議論以上に混沌とした状況にあると言えるだろう。たとえば、本書で登場するフランス人研究者たちのあいだでも議論は分かれている。軍事史を専門とするY・ル・ボエック（パリ第四＝ソルボンヌ大学教授）は、三世紀は危機だった、と断言する。しかも、それは軍事面においてのみならず、経済的にも危機だった、と強く主張している。他方、経済・社会史を専門とするJ＝M・カリエ（社会科学高等研究院教授）は、三世紀を大文字の危機として特別視することを批判している。両者の議論はうまくかみ合わないそうだが、訳者の立場は後者に近い。我が国でも、昨年（二〇〇九年）、東京で開催された西洋史研究会大会の共通論題報告のテーマとして「三世紀の『危機』再考」が掲げられ、訳者も報告者の一人として参加させていただいた。その模様は、今年（二〇一〇年）秋刊行の『西洋史研究』新輯三九に掲載される予定になっている。

このように、ディオクレティアヌスとその時代をめぐる研究は、大きな変化のなかにある。正直、自分がその流れをうまくとらえられているという自信もない。しかし、少なくとも確実に言えることは、ディオクレティアヌスは帝国社会の統制を強化した云々、といったステレオタイプな見方はもはやできない、ということである。本書は、その先にあるものを探すうえで、貴重な道しるべとなるものなのである。本書の内容についてさらに深く知りたいという読者のために、訳者による参考文献として、ディオクレティアヌスの治世一般に関する主要な欧語文献と、各分野の近年の邦語文献を挙げておいた。そこでの分類はあくまでも便宜的なもので、帝国行政関連の文献と軍隊関連の文献など、互いに関連するものも多い。多少なりとお役にたてば幸いである。

最後になったが、本書の翻訳・刊行に際し、お世話になった方々にお礼を申し上げたい。文庫クセジュで多くのローマ史関連文献を翻訳されている北野徹氏には、白水社への紹介の労をとっていただいた。長谷川敬氏には、本書の典拠とされている文献・史料の入手に際してお手間をおかけした。田中創氏には、本書で言及されているリバニオス史料についてご教示いただいた。経済の問題に関しては、反田実樹氏の指摘に助けられた。中川亜希、成川岳大の両氏には、翻訳原稿に目を通していただき、数多くの貴重なアドバイスをいただいた。本書の訳文が読みやすく、間違いの少ないものになっていれば、それはこのお二人に負うところが大きい。無論、翻訳に間違いが残っていれば、それが訳者の責任であることは言うまでもない。白水社編集部の中川すみ氏には、出版の提案から刊行までを通してお世話になった。また、本書が平成二十二年度科学研究費補助金（特別研究員奨励費）の成果の一部であることも明示しておかねばならない。最後に、本書を読んでくださった（であろう）読者の皆さまに謝意を示して、あとがきを終わりにしたい。

二〇一〇年六月　パリ国際大学都市・日本館にて

大清水　裕

引用文献

【1】*Panégyriques latins*, éd. et trad. d'E. Galletier, CUF, 3 vols., Paris, Les Belles Lettres, 1949-1955〔英語では C. E. V. Nixon and B. S. Rodgers, *In Praise of Later Roman Emperors: The Panegyrici Latini*, Berkley, 1994がある〕.

【2】Lactance, *De la mort des persécuteurs*, éd. et trad. de J. Moreau, 2 vols., no39, Paris, coll. « Sources chrétiennes », 1954〔英語では Lactantius, *De mortibus persecutorum*, edited and translated by J. L. Creed, Oxford, 1984がある〕.

【3】Eusèbe, *Histoire ecclésiastique*, éd. et trad. de G. Bardy, 4 vol., nos 31, 41, 55, 73, Paris, coll. « Sources chrétiennes », 1952-1960〔邦訳として，エウセビオス『教会史』(秦剛平訳)，全 3 巻，山本書店，1986 ～ 1988 年がある．本書での訳文の引用も同書による〕.

【4】Zosime, *Histoire Nouvelle*, éd. et trad. de Fr. Paschoud, CUF, 3 t. en 5 vol., Paris, Les Belles Lettres, 1971-1989〔英語では Zosimus, *New History*, translation by R. T. Ridley, Canberra, 1982がある〕.

【5】Aurélius Victor, *Livre des Césars*, éd. et trad. de P. Dufraigne, CUF, Paris, Les Belles Lettres, 1975〔英語では Aurelius Victor, *De Caesaribus*, trans. by H. W. Bird, Liverpool, 1994がある〕.

【6】Eutrope, *Abrégé de l'histoire romaine*, trad. de M. Rat, Paris, coll. « Garnier », 1934〔エウトロピウス研究会による邦訳が進められているが，本書の該当時期までは進んでいない．これまでの訳文は，『上智史学』52～54（2007～2009年）に掲載されており，今後も継続予定．英語では Eutropius, *Breviarium*, trans. by H. W. Bird, Liverpool, 1993がある他，フランス語でも本書出版後にEutrope, *Abrégé d'histoire romaine*, texte établi et traduit par J. Hellegouarc'h, Paris, 2002が出版されている．これらの版では，著者の利用したガルニエ版とは章区分が異なっている．読者の便宜を考え，著者の了解を得て，本書では新しい版の章区分に修正してある〕.

【7】*Histoire Auguste*, éd. et trad. d'A. Chastagnol, Paris, R. Laffont, coll. « Bouquins », 1994〔南川高志，桑山由文，井上文則各氏の翻訳により，アエリウス・スパルティアヌス他『ローマ皇帝群像』として京都大学学術出版会より邦訳が刊行中．ただし，本書の該当時期までは進んでいない．英語では*The Scriptores Historiae Augustae*, with an English translation by D. Magie, 3vols., Cambridge, Mass., and London, 1921-1932がある〕.

【8】*Codex Theodosianus*, Th. Mommsen and P. Meyer (Hrsg.), 2Bde., Berlin, 1905〔テオドシウス法典研究会によって邦訳が進められており，毎年翻訳が発表されている．本書に関わる時期についてはほぼ終了しているが，掲載は複数誌にまたがっている．『専修法学論集』59, 60, 61, 63（1993 ～ 1995 年），『立教法学』43, 45, 47, 50, 53, 56, 58（1996 ～ 2001 年），『法政史学』57, 59, 62, 64, 66,

68, 70, 72（2002 ～ 2009 年)〕.
【9】 *Codex Justinianus*, in P. Krüger (Hrsg.), *Corpus Iuris Civilis II*, Berlin, 1877.
【10】 *Corpus Inscriptionum Latinarum*, Berlin, 1863-.
【11】 H. Dessau (Hrsg.), *Inscrptiones Latinae Selectae*, 5Bde., Berlin, 1892-1916.
【12】 *L'année épigraphique*, Paris, 1888-.
【13】 P. H. Webb (ed.), *The Roman Imperial Coinage*, vol. V, 2, London, 1933 ; C. H. V. Sutherland (ed.), vol. VI, London, 1967.
【14】 A. Chastagnol, L'évolution politique du règne de Dioclétien (284-305), *Antiquité tardive*, 2, 1994, p.24-25.
【15】 D. Kienast, *Römische Kaisertabelle*, Darmstadt, 1996, p.262-275.
【16】 *The Oxyrhynchus Papyri*, published by the Egypt Exploration Society in Graeco-Roman Memoirs, London, 1898.
【17】 T. C. Skeat, *Papyri from Panopolis in the Chester Beatty Library Dublin*, Dublin, 1964.
【18】 I. B. de Rossi e A. Ferrua (cur.), *Inscriptiones Christianae Vrbis Romae septimo saeculo antiquiores*, nova series, Roma, 1956.
【19】 X. Loriot, *Bulletin de la Société nationale des antiquaires de France*, 1974, p.71-76.
【20】 M. Christol, *Essai sur l'évolution des carrières sénatoriales dans la seconde moitié du IIIe siècle apr. J.-C.*, Paris, 1986.
【21】 P. Petit, *Libanius et la vie municipale à Antioche au IVe siècle*, Paris, 1955.
【22】 *Bulletin archéologique du Comité des travaux historiques*, 1907, p.274.
【23】 J. M. Reynolds and J. B. Ward-Perkins (eds.), *The Inscriptions of Roman Tripolitania*, Rome, 1952.
【24】 B. Rémy, *De Anatolia antiqua*, I, 1991.
【25】 *Corpus Scriptorum Ecclesiasticorum Latinorum*, 26, 1893.
【26】 *P. Cairo Boak* (=A. E. R. Boak, Early Byzantine Papyri from the Cairo Museum, *Etudes de Papyrologie*, III, 1936, 1-45), 12.
【27】 *P. Col.* (= R.S. Bagnall and N. Lewis (eds.), *Columbia Papyri*, VII, *Fourth Century Documents from Karanis*, Missoula, 1979) 138-140.
【28】 S. Bolin, *State and Currency in the Roman Empire to 300 AD*, Stockholm, 1958.
【29】 J.-M. Carrié, Dioclétien et la fiscalité, *Antiquité tardive*, 2, 1994, p.33-64.
【30】 Y. Le Bohec, *L'armée romaine sous le Haut-Empire*, Paris, 1990.
【31】 E. N. Luttwak, *The Grand Strategy of the Roman Empire from the First Century A.D. to the Third*, Baltimore, 1976.
【32】 Ch. R. Whittaker, *Les frontières de l'Empire romain*, trad., Paris, 1989.
【33】 B. Isaac, *The Limits of Empire. The Roman Army in the East*, Oxford, 2nd ed., 1992.
【34】 J. Gascou (éd.), *Inscriptions antiques du Maroc 2 : Inscriptions latines*, Paris, 1982.

【35】 M. Sartre (éd.), *Inscriptions grecques et latines de la Syrie : Bostra*, tome 13, Paris, 1982.
【36】 C. Zuckerman, AUR. VALERIANUS (293/305) et FL. SEVERINUS (333), commandants en Arabie, et la forteresse d'Azraq, *Antiquité tardive*, 2, 1994, p.83-84.
【37】 H. I. Bell, V. Martin, E. G. Turner, D. van Berchem, *The Abinnaeus Archive*, Oxford, 1962.
【38】 Cl. Lepelley, *Les cités de l'Afrique romaine au Bas-Empire*, 2 vols., Paris, 1979-1981.
【39】 M. Le Gray, *Saturne Africain. Histoire*, Paris, 1966.
【40】 S. Gsell (éd.), *Inscriptions latines de l'Algérie*, tome 1, Paris, 1922.
【41】 *Patrologia latina*, 84, col. 301-310.
【42】 W. M. Calder (ed.), *Monumenta Asiae Minoris Antiqua*, vol.1, Manchester, 1928.
【43】 O. Seeck, *Geschichte des Untergangs der antiken Welt*, I, 1, Berlin, 2e éd. 1897.
【44】 W. Seston, *Dioclétien et la Tétrarchie*, I : *Guerres et réformes*, Paris, 1946.
【45】 B. Rémy, *Inscriptions latines de Haute-Savoie*, Annecy, 1995.

参考文献
（訳者による）

ここでは，おもにディオクレティアヌスとその時代について扱った邦語文献を，本書での章区分に沿った形で紹介する．ただし，その治世全体を扱ったものについては適切な邦語文献がなく，著者が参考文献として挙げたフランス語文献以外の英語とドイツ語の文献を記した（下記【1】～【5】）．また，訳注で言及した欧語文献も追加している．

ディオクレティアヌス治世一般（本書第１・２章）

【1】T. D. Barnes, *The New Empire of Diocletian and Constantine*, Cambridge, Mass. and London, 1982（皇帝たちがどこを移動していたか，属州総督を務めていたのは誰か，といった情報を整理・分析した基礎文献）.

【2】A. K. Bowman, P. Garnsey and A. Cameron (eds.), *The Crisis of Empire, A.D. 193-337, The Cambridge Ancient History*, vol.12, 2nd ed., Cambridge, 2005（この時代のことを調べるなら，現時点では最初に目を通すべき論文集）.

【3】W. Kuhoff, *Diokletian und die Epoche der Tetrarchie*, Frankfurt am Main, 2001（1000頁を超える大著．近年の研究状況を踏まえた注が充実している）.

【4】R. Rees, *Diocletian and the Tetrarchy,* Edinburgh, 2004（各分野の状況を概観した第1部と，英訳の史料集である第2部からなる）.

【5】S. Williams, *Diocletian and the Roman Recovery*, London, 1985（ながらく英語で読めるほぼ唯一の文献だった．仏訳もあるが，内容は古い）.

【6】後藤篤子「バガウダエをめぐって」，倉橋良伸／栗田伸子／田村孝／米山宏史編『躍動する古代ローマ世界――支配と解放運動をめぐって』，理想社，2002年，267-287頁.

【7】松本宣郎「『ヒストリア・アウグスタ』研究について」『歴史』54，1980年，49-62頁.

【8】松本宣郎「『ヒストリア・アウグスタ』研究について（2）」『歴史』59, 1982年，55-70頁.

【9】南川高志編「［フォーラム］第58回日本西洋史学会大会小シンポジウム報告：ローマ帝国の『衰亡』とは何か」『西洋史学』234，2009年，149-161頁.

宮廷・帝国行政関連（本書第３・４章）

【10】S. Corcoran, *The Empire of Tetrarchs: Imperial Pronouncements and Government AD 284-324*, rev.ed., Oxford, 2000 (1st ed., 1996).

【11】市川雅俊「専制君主政成立期における軍政・民政分離の一断面――Primipilus職の変化と軍用食糧」『史学雑誌』90-2，1981年，1-35頁.

【12】浦野聡「後期ローマ帝国における官職パトロネジ――『推薦』の法制化

をめぐって」，長谷川博隆編『古典古代とパトロネジ』，名古屋大学出版会，1992 年，237-275 頁.
【13】大清水裕「3 世紀における帝国統治階層の変容――近衛長官のコンスル就任にみる身分関係再定義の試み」『クリオ』17，2003 年，1-16 頁.
【14】柴野浩樹「後期ローマ帝国成立期における属州総督のオフィキウム――いわゆる軍政民政分離の過程において」『歴史』103，2004 年，1-27 頁.
【15】西村昌洋「テトラルキア時代ガリアにおける弁論家と皇帝――『ラテン語称賛演説集（Panegyrici Latini）』より」『史林』92-2，2009 年，324-358 頁.

都市行政関連（本書第 5 章）
【16】浦野聡「後期ローマ帝国の支配階層形成期におけるクリアーレスの官職取得をめぐって」『歴史』74，1990 年，21-42 頁.
【17】浦野聡「後期ローマ帝国における納税強制と curiales」『西洋古典学研究』43，1995 年，97-108 頁.
【18】浦野聡「後期ローマ帝国における負担 munera 免除特権をめぐって」『史苑』56-2，1996 年，20-47 頁.
【19】大清水裕「ディオクレティアヌス，コンスタンティヌス帝治世における都市・総督関係――北アフリカにおける都市監督官 curator rei publicae の活動をめぐって」『史学雑誌』115-1，2006 年，1-31 頁.
【20】大清水裕「3 世紀後半のイタリア統治の変容と都市社会――コモ出土碑文再考」『西洋古典学研究』55，2007 年，114-125 頁.
【21】大清水裕「ディオクレティアヌス帝治世のアクィレイア――都市・皇帝関係に見るアポロ・ベレヌス奉献碑文の意義」『イタリア学会誌』57，2007 年，48-73 頁.
【22】大清水裕「港湾都市オスティアと食糧長官――ディオクレティアヌス帝治世の都市間競争」，豊田浩志編『神は細部に宿り給う――上智大学西洋古代史の 20 年』，南窓社，2008 年，107-127 頁.
【23】大清水裕「北アフリカにおける『都市』と皇帝――ディオクレティアヌス帝治世のラピドゥム市再建をめぐって」，桜井万里子／師尾晶子編『古代地中海世界のダイナミズム』，山川出版社，2010 年，347-372 頁.

経済関連（本書第 6 章）
【24】反田実樹「『ディオクレティアヌス帝の最高価格令』の『強制国家』的解釈の再検討」『古代史年報』7，2009 年，16-39 頁.
【25】本村凌二「ローマ帝国における貨幣と経済――3 世紀『通貨危機』をめぐる研究動向」『史学雑誌』88-4，1979 年，42-70 頁.

軍隊関連（本書第 7 章）
【26】D. van Berchem, *L'armée de Dioclétien et la réforme constantinienne*, Paris, 1952.
【27】井上文則『軍人皇帝時代の研究』，岩波書店，2008 年.

宗教関連（本書第８章）

【28】井上文則「ミトラス教研究の現在」『史林』87-4，2004 年，98-123 頁.
【29】Ｆ・キュモン『ミトラの密儀』（小川英雄訳），平凡社，1993 年.
【30】豊田浩志「いわゆる『ディオクレティアヌスのマニ教禁令』をめぐる一考察」『西洋史学報』復刊 4，1976 年，1-18 頁.
【31】豊田浩志「『ディオクレティアヌスのキリスト教徒大迫害』勃発原因をめぐって（1）」『上智史学』37，1992 年，235-259 頁.
【32】豊田浩志「『ディオクレティアヌスのキリスト教徒大迫害』勃発原因をめぐって（2）」『上智史学』38，1993 年，63-98 頁.
【33】豊田浩志『キリスト教の興隆とローマ帝国』，南窓社，1994 年.
【34】豊田浩志「4 世紀初頭，キリスト教徒迫害推進を希求した常民たち」『西洋史研究』新輯 35，2006 年，169-181 頁.
【35】M・J・フェルマースレン『ミトラス教』（小川英雄訳），山本書店，1973 年.
【36】保坂高殿『ローマ史のなかのクリスマス：異教世界とキリスト教 1』，教文館，2005 年.
【37】保坂高殿『多文化空間のなかの古代教会：異教世界とキリスト教 2』，教文館，2005 年.
【38】保坂高殿『ローマ帝政中期の国家と教会：キリスト教迫害史研究　193-311 年』，教文館，2008 年.
【39】松本宣郎『キリスト教徒大迫害の研究』，南窓社，1991 年.
【40】松本宣郎「古代都市の衰退とキリスト教」『西洋史研究』新輯 32，2003 年，1-23 頁.
【41】丸山了「ドナティスト問題におけるイニシアティヴ――カエキリアニズム運動」，豊田浩志編『神は細部に宿り給う』，南窓社，2008 年，147-164 頁.

参考文献
（原書巻末）

フランス語では、W. Seston, *Dioclétien et la Tétrarchie*, I : *Guerres et réformes*, Paris, 1946 という見事な作品が唯一の総合的な著作である．アルファベット順に他も引用しておく．

R. Bianchi-Bandinelli, *Rome. La fin de l'art antique. L'art de l'Empire romain de Séptime Sévère à Théodose Ier*, Paris, 1970.

J.- M. Carrié, Dioclétien et la fiscalité, *Antiquité tardive*, 2, 1994, p.33-64.

J.-M. Carrié, Les échanges commerciaux et l'État antique tardif, *Économie antique. Les échanges dans l'Antiquité : le rôle de l'État*, Saint-Bertrand-de-Comminges, 1994, p.175-221.

A. Chastagnol, *L'évolution politique, sociale et économique du monde romain de Dioclétien à Julien*, Paris, 2e éd., 1994.

A. Chastagnol, L'évolution politique du règne de Dioclétien (284-305), *Antiquité tardive*, 2, 1994, p.23-31.

Cl. Lepelley, *Les cités de l'Afrique romaine au Bas-Empire*, 2 vols., Paris, 1979-1981.

H.-I. Marrou, *Décadence romaine ou Antiquité tardive? IIIe-VIe siècle*, Paris, 1977.

R. Rémondon, *La crise de l'Empire romain de Marc Aurèle à Anastase*, Paris, nouv. éd., 1980.

B. Rémy, Fr. Betrandy, *L'Empire romain de Pertinax à Constantin (192-337 après J.-C.). Aspects politiques, administratifs et religieux*, Paris, 2e éd., 1997.

訳者略歴

大清水裕（おおしみず・ゆたか）
一九七九年生まれ
東京大学大学院人文社会系研究科博士課程修了、博士（文学）
日本学術振興会特別研究員（PD）、フランス国立科学研究センター（『碑文学年報』部門）客員研究員
古代ローマ史専攻

ディオクレティアヌスと四帝統治

二〇一〇年七月　五日印刷
二〇一〇年七月二五日発行

訳　者　© 大　清　水　裕
発行者　及　川　直　志
印刷所　株式会社　平河工業社
発行所　株式会社　白　水　社

東京都千代田区神田小川町三の二四
電話　営業部〇三（三二九一）七八一一
　　　編集部〇三（三二九一）七八二一
振替　〇〇一九〇－五－三三二二八
郵便番号一〇一－〇〇五二
http://www.hakusuisha.co.jp
乱丁・落丁本は、送料小社負担にてお取り替えいたします。

製本：平河工業社

ISBN978-4-560-50948-7
Printed in Japan

文庫クセジュ

歴史・地理・民族（俗）学

62 ルネサンス
79 ナポレオン
116 英国史
133 十字軍
160 ラテン・アメリカ史
191 ルイ十四世
202 世界の農業地理
297 アフリカの民族と文化
309 パリ・コミューン
338 ロシア革命
351 ヨーロッパ文明史
382 海賊
412 アメリカの黒人
428 宗教戦争
491 アステカ文明
506 ヒトラーとナチズム
530 森林の歴史
536 アッチラとフン族
541 アメリカ合衆国の地理
566 ムッソリーニとファシズム
586 トルコ史
590 中世ヨーロッパの生活
597 ヒマラヤ
602 末期ローマ帝国
604 テンプル騎士団
610 インカ文明
615 ファシズム
636 メジチ家の世紀
648 マヤ文明
664 新しい地理学
665 イスパノアメリカの征服
669 新朝鮮事情
684 ガリカニスム
689 言語の地理学
705 対独協力の歴史
709 ドレーフュス事件
713 古代エジプト
719 フランスの民族学
724 バルト三国
731 スペイン史
732 フランス革命史
735 バスク人
743 スペイン内戦
747 ルーマニア史
752 オランダ史
755 朝鮮半島を見る基礎知識
760 ヨーロッパの民族学
766 ジャンヌ・ダルクの実像
767 ローマの古代都市
769 中国の外交
781 カルタゴ
782 カンボジア
790 ベルギー史
806 中世フランスの騎士
810 闘牛への招待
812 ポエニ戦争
813 ヴェルサイユの歴史
814 ハンガリー
816 コルシカ島

文庫クセジュ

文庫クセジュ

哲学・心理学・宗教

文庫クセジュ

780 超心理学
789 ロシア・ソヴィエト哲学史
793 フランス宗教史
802 ミシェル・フーコー
807 ドイツ古典哲学
809 カトリック神学入門
835 セネカ
848 マニ教
851 芸術哲学入門
854 子どもの絵の心理学入門
862 ソフィスト列伝
866 透視術
874 コミュニケーションの美学
880 芸術療法入門
881 聖パウロ
891 科学哲学
892 新約聖書入門
900 サルトル
905 キリスト教シンボル事典
909 カトリシスムとは何か
910 宗教社会学入門
914 子どものコミュニケーション障害
927 スピノザ入門
931 フェティシズム
941 コーラン
944 哲学

文庫クセジュ

芸術・趣味